神は人類が考えた想像《フィクション》

「天国」や「地獄」は、
「霊」や「精霊」は、
死後の世界は存在するのか

群 一考 著

22世紀アート

〈目 次〉

第3章 自然の摂理《せつり》 ～地球・生命の歴史と人類の起源……39

第4章 「人類の三つの革命」とAI・SNS革命の現代……51

はじめに

わたしは哲学者でも歴史学者でも人類学者でも宗教家でもない。ジャーナリストでも、特別著名な人物でもない。専門分野は人間の発達科学の一分野で、その方面での著書はある。だが、これから書こうと思っている分野では、結びつきが少ない。それでも未来志向のライターとして、書いていきたい。

これから述べることとは、「神は実在するのか」、「天国や地獄はあるのか」、「霊や精霊はいるのか」「死後の世界はあるのか」など、誰もが半信半疑でいる一連の「謎」に答える本である。

これまでこの分野は「事実」と「想像の世界（フィクション）」がその境界をあいまいに語られてきた。

そのフィクションをフィクションとして理解し、信仰し、安らぎの心で生きている人は、問題ない。また、「あの古城に精霊が住みついている」「この森には精霊がいる」と神秘の世界に浸る、民話や歴史的文化や慣習を引き継ぎ、その時代を感じて生活している人はよい。

だが、本当に「天国」や「地獄」があるのか。「霊」や「精霊」がいるのか。アニメなどに出てくる「異世界」や「ゾンビ」の世界がファンタジーなのか、半信半疑の人もいよう。

問題なのは、これらを信じて、恐怖にさらされている人である。さらに、「悪霊がついている」、「地獄に落ちるぞ」、と脅《おど》され、騙《だま》されている人もいる。

本書は、半信半疑の人、さらに、それらを信じ、恐怖を感じている人、騙されている人に向けて書いた。異世界やゾンビに興味のある人も、この本を読んでフィクションとして楽しんでほしい。

そのため本書は、人類を含む生物の進化の歴史と科学的根拠、現代的な考え方で、過去を大事にしつつ未来志向の立場で述べていきたい。いろいろな考え方があるので、誤解を招くような表現や考え方もあるかもしれない。

また本書は、民話や伝統文化、現代のサブカルチャー、信仰や宗教など、歴史や文化を否定するものではない。誰もが持っている、言論・表現の自由、想像の自由、信仰の自由の考え方に抵触《ていしょく》するものではない。

これから述べることは、誰もが考えつくことのできる、ごく常識的な考え方かもしれない。

ほんの少し前までは、作曲家が曲をつくり、小説家が小説を出版し、料理専門家が料理の本を出版し、テレビのニュース映像はテレビ局のカメラマンだけが取材していた。だが現代社会では、写真でも動画でも、誰もが自由に配信できる。防犯カメラの映像が事件や事故の証拠にもなる。SNSで瞬時《しゅんじ》に世界中に発信したり、映像を送り、画面を通して対話ができる時代になっている。

だから本書は、分厚い名著ではなく、電子書籍でも手短に読める、場合によっては動画配信もできる、そんなダイジェスト的な読み物になることを願っている。若い世代から高齢者まで気軽に読んで考える、そんな本にしたいと願っている。

二〇二三年三月

群　一考

第1章　童話「はだかの王様」が語ること

～群衆の中の、子どもの化身になって

1　アンデルセン童話「はだかの王様」
～群衆の中の子どものアバターになって

　ということで本題に入るが、ライターであるわたしが名乗るとしたら、あの「はだかの王様」の童話の中に出てくる群衆の中の一人の子どもの分身として語っていきたいと考えている。

　デンマークのアンデルセン童話「はだかの王様」に出てくる服の仕立て屋に騙され、裸で群衆の前を得意になって歩く王様を見て、「王様が裸で歩いている、裸の王様だ！」と叫んだ群衆の中の一人の子ども、その子どもである。ライターのわたしは、その子どもの分身、アバターとなって登場したいと考えている。

　このアバターは、名前も姿もない。年齢や国籍という意識もない。だからこの本の表紙には、わたしの本名ではなく、誰も知らないペンネームが筆者として掲載されている。

　アバターとは、ゲームやネットでの自分の分身として画面で登場するキャラクターのようなものだ。

だが、それではあまりに無責任ではないかという意見もあろう。一応、出版社や編集者に目を通してもらい検討して、少しミステリー風に話を進めることにした。

アンデルセン作「はだかの王様」のストーリーを要約すると、次のようになる。

＊＊＊

洋服の好きな王様が、きれいな衣装を着ては見せびらかしていました。そして国中の仕立て屋に、「今まで見たこともない服を作れ」と命じました。ある仕立て屋が「新しい服を仕立てました。この服は愚《おろ》か者には見えない服です」と話しました。王様も大臣も家来も愚か者と見られたくないので、裸のままだとは言えませんでした。王様はこの服を着てパレードをすることにしました。群衆の大人たちも愚か者と見られたくないので、素敵な服だと褒《ほ》めたたえました。ところが群衆の中の一人の子どもが「王様が裸で歩いている、裸の王様だ！」と叫びました……

＊＊＊

アンデルセン・ハンス・クリスチャン〈1805〜1875〉はデンマークの文学者であり、世界に知られる童話作家だ。民話や史実を基調に、幻想的な、時には鋭い風刺的な童話を深い洞察力で創作した。「マッチ売りの少女」「みにくいアヒルの子」「人魚姫」など、子どものころに必ず読んだ記憶のある童話を残した。150点ほどの作品がある。

本書は、子どもが読んでも、大人が読んでも、真実が伝わるようにわかりやすい言葉で述べてみたいと考えている。そう、一人の人間ではなく、アバターとして、鳥のように国境を超えて。そのアバターは「謎」を解決する鍵《かぎ》になるかもしれないし、あなたの背中を押す内容を伝えるかもしれない。あるいは、そうでないかもしれない。

2　赤っ恥《ぱじ》をかいた王様と家来や民衆は、その後どうしたの？

さて、「はだかの王様」の話に戻るが、群衆の前で赤恥《あかはじ》をかいた王様は、その後どうなったのか想像してみよう。

赤恥をかいた王様は、その後、引きこもって二度と群衆の前に姿を現さなかったのだろうか。それとも、城に戻って、王様を騙した仕立て屋を厳《きび》しく罰《ばっ》したのであろうか。あるいは自分の愚かさに気づいて、その後人民のために役立つ王様になったのだろうか。

大臣や家来は、その後、「ざまあみろ」と陰であざ笑ったのであろうか。それとも、王様にこっぴどく叱られたのであろうか。はたまた、王様の意のままになっていたことを恥じて、その後王様に尽くし、人民の役立つ役人になったのだろうか。

そして群衆たちは、その後どうしただろうか。王様が裸だと気づいて、大笑いをして、一層王様を身近に感じたのであろうか。それとも、王様の愚かさを罵り、あきれ返ったのであろうか。あるいは、自分たちも愚かさを恥じて、自分の目で見て考え、騙されないようにしなければと思ったのであろうか。

それでは、「王様が裸で歩いてる、裸の王様だ！」と言った子どもは、その後どうしたであろうか。「見た通り言っただけなのに、どうしたの？」と思っていたが、忘れてしまったそうだ。

作者のアンデルセンは「はだかの王様」で何を語ろうとしているのだろうか。よくある王様の愚かさを揶揄《やゆ》したのであろうか。それとも、王様も大臣も家来も、群衆の愚かさまでも揶揄した教訓を風刺《ふうし》的に伝えたかったのであろうか。

もしかすると、「人間とは騙《だま》されやすい者だよ。王様や権力者や見識のある人は、世のため人のため役立つことをしてくれるが、丸ごと信じてしまうと、とんでもない間違いをしたり、騙されてしまうのだよ。それどころか、王様や権力者や身分の高い人も、権力や地位に溺《おぼ》れて過信すると、この王様と同じ過ちをするのだよ」と、アンデルセンは言いたかったのかもしれない。

３　人間の脳は嘘《うそ》も言うし、いとも簡単に騙《だま》される

わたしたち大人は、「『はだかの王様』はどうせ子どもの読むお話だ。しょせん童話ではないか」と軽く見過ごしていないだろうか。だけど、現代人の私たちも、騙されてはいないだろうか。

これから述べることは、日本人の四〇～五〇％の人は、「その通りだ、当たり前のことだ」と感じるだろう。それ以外の約半数の人は、「嘘だ、けしからん、そんなはずはない」と言うかも知れない。「半分信じるが……」という人もいるだろう。

世界の国々も、国によっては大部分の人が「信じない、嘘だ」と言うかもしれない。

これだけ世の中が進歩しても、人間はというか、人間の脳は、現実と虚構の世界を混同してしまったり、いとも簡単に騙されてしまったりするのだ。

しかし一方で、虚構の世界、フィクションの世界を描けるということは、人間の素晴らしい能力の一端なのである。小説もアニメも音楽も、テレビのドラマといった文化もすべて人間が創りだしたものである。それは、人間が現実を伝えるだけでなく、虚構の世界、フィ

クションの世界を描けるからである。想像したことを、創造活動に表現したのが芸術である。人類は、言葉や文字を考えだしたことが大きい。

若者・Z世代では、アニメやゲームの世界で、怪奇や異世界のファンタジーを創造するサブカルチャーが世界的に広がっている。

Z世代とは、諸説あるが、一九九〇年代から二〇一〇年頃の間に生まれた世代と定義されている。IT化・デジタル化が進んだ時代に育った世代。アメリカでは一九六〇年から一九八〇年頃に生まれた世代をX世代と呼んでいる。個人主義的な考え方を持つのが特徴的な世代である。

サブカルチャーとは、社会的、伝統的な文化ではなく、少数派で、文化的価値が異なる文化的活動をいう。現代では、アニメ、マンガ、ゲーム、コスプレなどの若者文化がそれだ。

人間社会が集団で助け合い、信じ合い、団結し、社会を作り発展してきた原動力は、虚構の世界、フィクションの世界を描ける脳の進化があったからである。

人類が築いてきた文明、芸術、宗教も、法律や貨幣や社会の組織も、現代の国家を繋ぐ国連もできてきたのも、人類が虚構の世界を言葉や行動や制度や法律などの規則によって築き上げてきたのである。

しかし、ほんの一部の人ではあるが、人は、判断を誤ったり、人を騙したり、嘘を言う。自分のためだけでなく、自分の組織のため、国のために、嘘を言う。誰かに嘘を言わされることもよくある。また、いとも簡単に、嘘や偽の情報に騙されるのだ。思考停止になって、考えを誤ることもある。偏った情報で洗脳されたり、意図的に洗脳させられたりする。いとも簡単に信じてしまうこともある。群集心理という言葉があるが、集団となって誤った方向に行動することも、洗脳されることもある。それは歴史的によくあることなのである。人間の脳は、残念ながら完璧ではなく、時にはとんでもない過ちをしてきているのである。

しかも、現代の社会で、世界の各地で、それは今でも現実にあるのだ。

4　残念ながら、現代社会でも

第二次世界大戦〈一九四一〜一九四五年〉では、日本の戦況が劣勢にもかかわらず、大本営からラジオや新聞で嘘《うそ》の戦果や情報が流された。国民は「勝った、勝った」と信じ込み、神の国日本は負けるはずがない、と多くの国民が信じていた。終わってみれば、みじめな結果であった。それでも国民は立ち直って、現代の社会を作り上げてきた。

この二一世紀の現代社会でも、アメリカの元大統領のトランプ氏が、堂々とマスコミの報道は嘘だ、フェイクニュースだと煽《あお》り立てた。

二〇二二年からのウクライナ戦争では、ロシア国内でプロパガンダという、政府に都合のよい報道だけを流した。

ウクライナの国民の状況を、日本の私たちの立場に置き換えてみよう。

今のこの日常の生活が、一夜にして、砲弾が飛び交う戦場となり、自宅は破壊され、難民として別の地域や国外に移動せざるを得ないと想像すると、本当に心が痛む状況である。日本では、二人以上の人を殺したら死刑を求刑される可能性がある。戦争では、武器を与えられて他国の人を殺しに行けと命じられるのだから、大きな矛盾であろう。

時には、家族のため、国のために戦えという場合もありうるが、日本では憲法9条で、他国への侵略は禁止されている。

だからこそ、私たちは生きていくために、時には真剣に立ち返り、一方向ではなく多様な考え方、多様な情報、統計、知識をもとに、自分なりに考える習慣が必要なのである。特に最近は、SNSなどで偽情報を意図的に流されることもある。自分の関心のある情報だけのサイトを検索し、偏《かたよ》った情報や考え方に凝《こ》り固まってしまうことがよくある。

本書の内容についても、多様な発想をしてもらい、納得できる内容と、賛成できない考え方があることを承知の上で読んでほしいと考えている。

様々な考え方や風習や信仰があるので、特定の地域や民族、国家の事例、特定の民衆・風俗・祭事・信仰や宗教については、できるだけ事例として挙げないように配慮して述べていきたいと考えている。具体性がないという考え方もあるが了承してほしい。

本書の出版の動機になったのは、『サピエンス全史』上・下（ユヴァル・ノア・ハラリ著・柴田裕之訳）河出書房新社　二〇一六（※参考文献2）、『神は、脳がつくった』（E・フラー・トリー著・寺町朋子訳）ダイヤモンド社　二〇一八（※参考文献3）の両書と出会い、触発されたことである。それに加えて、二〇二〇年からの新型コロナウイルスの世界的な蔓延による都市封鎖と医療危機、経済危機、さらに二〇二二年二月からのロシアによるウクライナ侵攻など、まさに世界を一変させる脅威を実感させられたことも出版への後押しとなった。

第2章

「神」は実在するのか

～「神」の信仰は何時から始まったのか

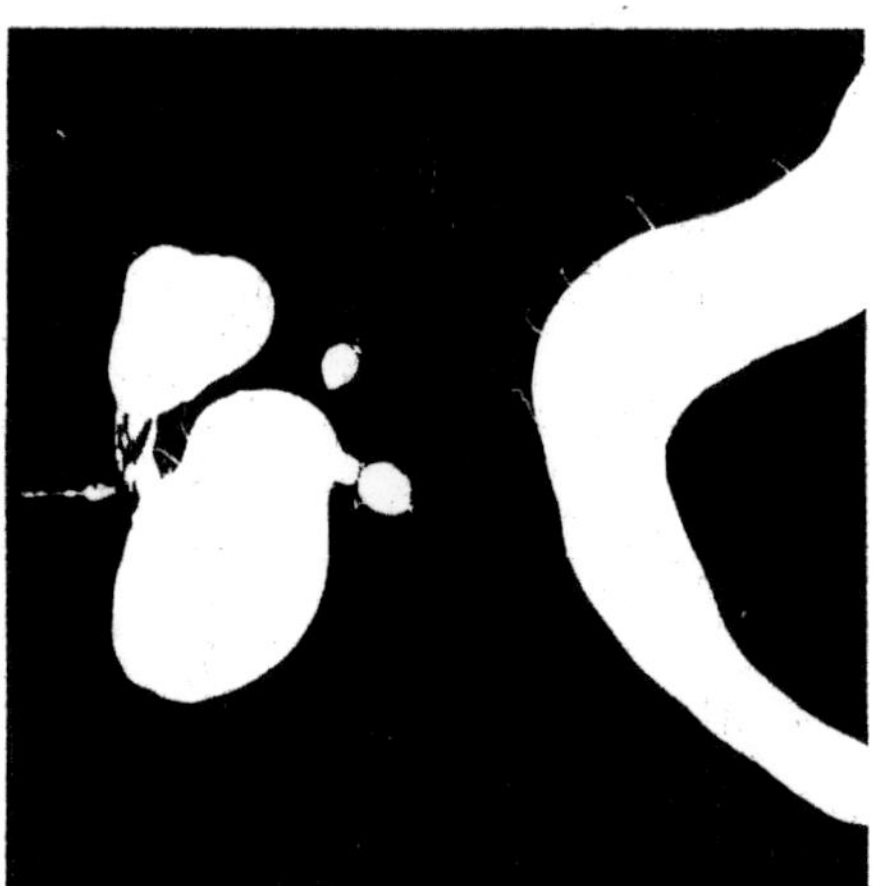

1 「神」は実在するのか

「はだかの王様」の童話と重ね合わせて、本論に入っていくが……。
この本で述べたいことは、本当に「神は実在するのか」、「『天国』や『地獄』はあるか」、「『霊』や『精霊』は存在するのか」、「死後の世界はどうなっているか」といった、誰もが考える疑問についてである。

デリケートな問題であるので、これまではあいまいにされ、いわば「思考停止」のまま、置き去りにされてきた。
古代・中世・近代の時代ならともかく、これだけ科学的・論理的な思考ができる現代社会でも、いまだにこれらの疑問はあいまいにされてきている。あるいは、あいまいにあえてしているのかも知れない。

人類は地球上の生物の一種であり、特別な動物ではない。それは地球の歴史、生物の進化の歴史から、科学的な事実からいえば、ごく当たり前の事実である。

しかし人間は想像力を発揮して、仮想空間の中で「神」という超能力的な化身を考え出した。そこから、迷信や神話を生み出し、さらに習慣や儀式として伝え、生きるための教訓や生き方を説こうとしてきた。それが宗教となったと考えられる。

どの年代の人も、本書のタイトルの内容に対しては関心を持っている。例えば、「霊や精霊や魂は存在するのか」、「死後の世界はあるのか」といった疑問を持つ人はたくさんいる。その人たちはもちろん、具体的に疑問を持っていない人も、ぜひ読み続けてほしい。

「神」を信仰し、特定の宗教を信仰している人は、世界の人口の大部分であろう。そのほかに、ＵＦＯを信ずる人もいれば、「精霊」や「魂」を信じる人もいる。

すでに述べたように、日本人の約半数の人は、神は実在すると信じている。ということは、約半数の人は、「神」は実在するのかしないのか、迷っている。あるいは「神は実在しない」と考えている。

わたしは、この本のタイトルにもあるように、神は人類が長い歴史の中で考え出した創造物、つまりフィクションと考えている。

例えば、日本では「千手観音《せんじゅかんのん》」（※資料１）という仏像がある。すべての人に手を差し伸べるために、たくさんの手を観音に取り付け信仰の対象になったのだ。ここでは一例だけでとどめておくが。

民族や地域や国には様々な人々が、様々な宗教を信仰し、その神を信じている。それぞれの民族や地域の人々が生み出した神であって、神というものが実在するのではなく、当時の人々、つまり古代・中世・近世の人々の願いが考え出した「神」なのである。それぞれの地域や民族から生まれた宗教的思想なのである。

だから、地域・民族・国・宗教によって、神の形がちがう。それぞれの人々が信仰する「神」を想像して創り出してきたからである。

しかも、特定の地域から伝わった場合もあるが、多発的に世界各地で、それぞれの「神」や信仰や儀式が始まっている。それだけ宗教や神の存在は、人心をまとめ、社会を安定化させる重要な役割をはたしてきた。一方では、その結束の強さがさまざまな課題を生みだしてきたのも事

資料１　「千手観音像（左）」唐招提寺（奈良）天平時代　８世紀

実である。

後で述べるが、農業も世界各地で、地域の気候や地質に合わせて植物を栽培し、かなり多発的に各地で広がっていった。それと同じかもしれない。

この本はダイジェスト的に手短に述べていくので、専門的な人類の歴史については「歴史書」を、「宗教」のことは「宗教関係の本」を、宇宙のことは「宇宙の専門書」を、UFO（未確認飛行物体）のことはその関係の本を読んでもらいたい。興味のあることを深く知りたいときは、それぞれの専門書をぜひ読んでほしい。本書は宗教の本ではなく、歴史書でも教養書でもない。さまざまな信仰や宗教は尊重する立場で述べていきたいと考えている。

2　MY　GOD！　一方では信仰をもたない人も

「OH　MY　GOD！」（私の神様）とか、日本人であれば「神様お助けください」と危機のときに、思わず叫ぶことがある。無意識に、感情的に思わず発する言葉かもしれない。自分の信仰する神や宗教に救いを求めることは、ごく自然なことである。神や仏を信じ信仰することは、生きていく上で、心の支えになり、心の安らぎになり、人生の励みになる。その教えに従って、人道的な慈善活動やボランティア活動に関わっている人もたくさんいる。

信仰の自由という言葉があるが、自分の信ずる信仰と同じように、他の人が他の宗教を信仰することを尊重すべきである。信仰を持たない人も信仰の自由であるので、尊重すべきである。

世界には、たくさんの宗教があり、数億人の信者を持つ宗教もあれば、地域のほんの数百、数十人の人が信仰する宗教や神がある。そして、人々に生きる希望を与えてきた。どの宗教も神も、「MY　GOD」、私の神様、私たちの神でいいのだ。宗教や「神」の伝統や文化の恩恵は忘れてはならないものだが、「神」の存在はデリケートなことで、しかもいろいろな考え方の国や人々がいるので、タブー視したり、あいまいに伝えられてきた部分があるのかもしれない。

現代社会では、世界中のどの国でも、国籍の違う人が住みついている。異なる信仰をする人も混在している。もはや、公的な学校も企業も地域も、国籍の異なる人が過ごせるコミュニティ社会になってきている。

宗教の異なる人でも「愛」が勝って、結婚している人はたくさんいる。自分の信仰する宗教を持つのは自由であるが、他の人の信仰する宗教も尊重することが必要な社会になってきている。また、特定の宗教を信仰しない人も増えてきている。とくに若い世代から、少しずつ世の中は変わってきている。

神話や迷信や伝説も、宗教的しきたりや儀式もそうである。敬意をもって、慎重に述べていきたいと考えている。ただ本書では、歴史的根拠と自然の摂理をもとに、本当に神はいるのか、なぜ人は神を信仰することを始めたのかについて述べていきたい。

また、特定の信仰をしない無神論者もいる。家族が特定の宗教を信仰していても参加しないで、別の考え方を持つ人もいる。教会に行けば軽い会釈をし、知人の葬儀にはそのしきたりに従う。神社でおみくじを引くが、他の宗教の行事も楽しむ。困ったときは、「OH MY GOD!」と無意識に叫んでいる。

音楽、スポーツ、ボランティア活動、環境問題に取り組むなど、信仰のほかに活動できる場はいくらでもあるのだ。若い世代では、そのような傾向が増えてきている。

3　過酷な自然の中で人類は何に救いを求めたのか

人類が地球上に生存し始めたのは、七百万年前からといわれている。ごく数十年前まで、台風や地震や飢饉《ききん》や疫病《えきびょう》がなぜ起こるのかも、現代のようにはわからなかった。

突然海が荒れ、大洪水が起こっても、なぜそれが起こるのかはわからず、「海の神がお怒りになった」、「山や川の神がお怒りになった」と受け止め、嵐や洪水をやり過ごすには、ただ「神」に祈るしかなかったのだ。

そして、日頃から「海の神」や「山の神」を鎮《いまし》めるため、神に貢《みつ》ぎ物をしたり、祭りで祈るしかなかった。人間の力でコントロールできない「自然」の脅威《きょうい》は、まさに「神」の領域であると信じたのであろう。漁村や港に行くと海の安全と豊漁を願った神社などが各地にある。（※資料2）

自然の驚異や摂理《せつり》こそが、人間が「神」を生み出す要因の一つになったのではないだろうか。

人類は、進化の過程で、困難や恐怖に直面したとき、虚構《きょこう》の世界に救いを求めた。現実を回避するため、現実には存在しない虚構の世界を想像して、救いを求めた。そして辿《たど》り着いたのが「神」ではないだろうか。実際は存在しないが、自分の苦痛を和らげ、気持ちを和らげてくれるため、祈り続けた。

『神は、脳がつくった』の脳科学者、フラー・トリー氏の著書から引用させてもらうと、心理学者のパーシンガーは、「神と出会う体験は、(脳の)側頭葉の正常でむしろ組織的な活動パターン」であり、「個人的ストレス、愛する人の喪失、予期される死の苦悩といった微妙な心理学的要素によって急に引き起こされる」小発作の一種だ。(※参考文献3)

やがて、実在しないが、虚構の世界を共有し、例えば集団の長とか最も信頼される有識

資料2　「海神社」瀬戸内海姫路沖の小さい島「坊瀬(ぼうせ)」の港の近くにある

者がそれを認めると、その集団は共同幻想としてその神を共有することになる。そして、恩恵を与えてくれる太陽、海、大地、周辺の山や川など、人間が生きていく上で恩恵を受けているものを「神」として崇《あが》めた（リスペクトした）のであろう。

崇めるとは、すぐれたものとして大切にし、高い敬意をはらうことだ。リスペクトも同じ意味。

日本の美術や歴史の教科書には必ず出てくる「風神雷神」（※資料3）の屏風《びょうぶ》画。江戸時代の一七世紀に俵屋宗達《たわらやそうたつ》という画家が、想像して描いた風の神と雷の神の図、障壁《しょうへき》画である。風の神は袋から風を起こし吹き付けている。雷の神は、太鼓をデンデンとたたいて雷を起こしている。宗達はあくまで想像して描いたが、江戸時代ではかなりの人々がこれに近いことを、事実かもしれないと考えていた。

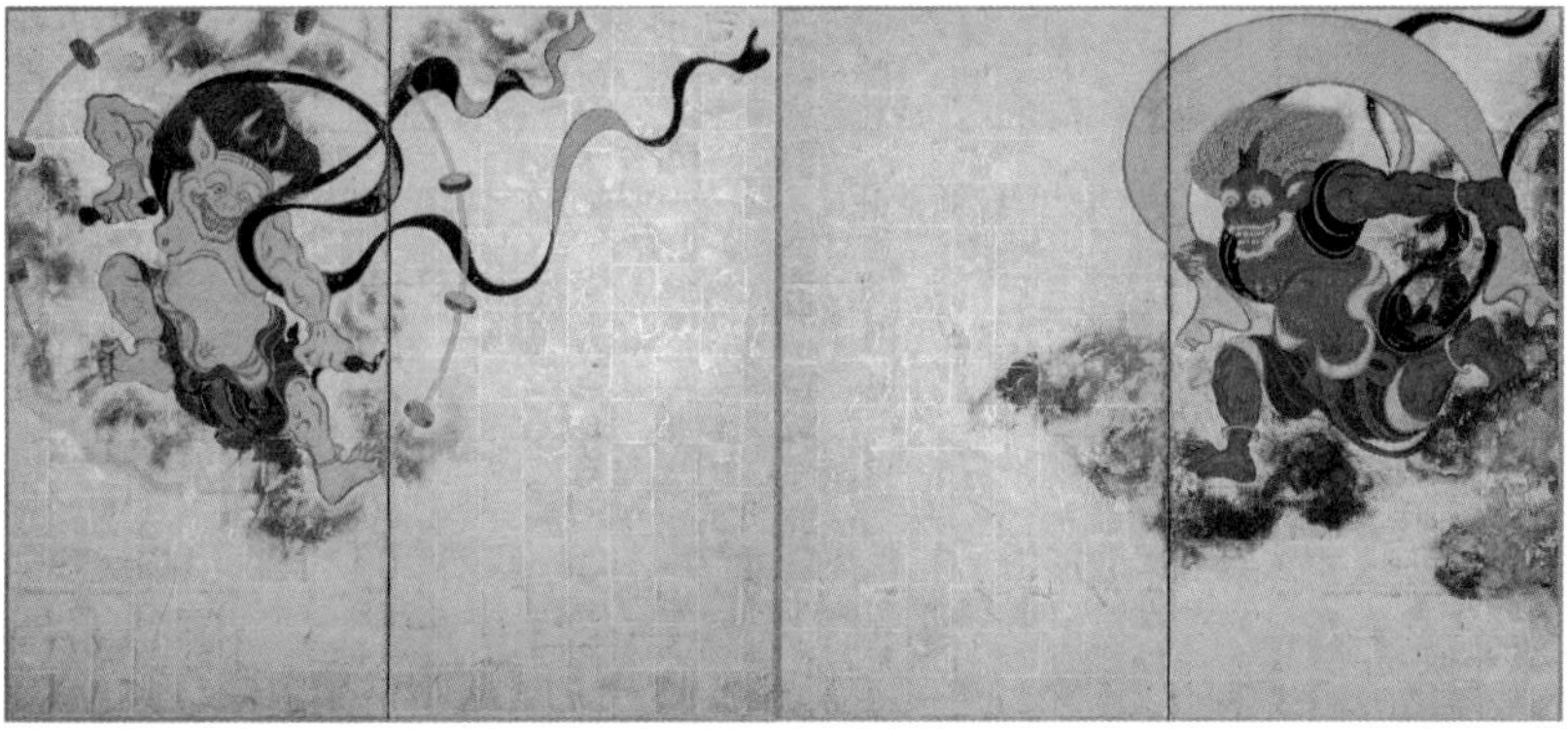

資料3　「風神・雷神図屏風」俵屋宗達作　京都 建仁寺　17 世紀

後でも述べるが、あのガリレオ・ガリレイやコペルニクスが、天体が回っているのでなく、地球が回っているという「地動説」を唱えたのは一六世紀である。僅か五〇〇年前のことだ。それまで誰も地球が球体であることや、回転していることは知らなかったのである。

嵐や地震や干ばつなど、病や苦しみや様々な恐怖から救ってくれる、人類にとって理解できない現象を「神」の仕業としたのかも知れない。

また、危険で行かない方がいいところを地獄谷とか、悪霊が出ると脅すことによって、危険を回避したのではないだろうか。

何億年、何千万年、何万年の時間をかけて「自然」の海や山河や大地、奇岩は形成されてきた。その「自然」に畏敬《いけい》の念をもって祈り、尊び、祭るようになった。そこから「神」に感謝する祈りの文化が生まれた。自然の摂理を、人類は「神」として敬ったのであろう。それが伝統的に引き継がれてきたのではないだろうか。

海から人々は、魚介類や海藻の「海の幸」を、大地からは農作物を収穫する「大地からの幸」を、わたしたちは恩恵として受けてきた。また、先祖の人々の言い伝え、地域の伝統文化から、豊かな知恵や文化を受け継いできた。それに感謝して祈り尊ぶことは、わたしたちにとってとても大切なことである。そこから「神」に感謝する祈りの文化が、伝統的に引き継がれてきたのではないだろうか。

4　祖先を敬《うやま》うことと、死者との別れを偲《しの》ぶ心

死後の世界を信じて、古代エジプト（紀元前四〇〇〇年～紀元三三二年）では、死者をミイラにすることで、死後の世界でも生き続けられると考えた。そのため生前の生活用品や貴金属を副葬品としてミイラと共に埋蔵した。

中国の歴史的大発見（一九七四年、井戸を掘っていた農民がたまたま掘り出した）といわれる秦《しん》の始皇帝陵《しこうていりょう》の「兵馬俑《へいばよう》」がある。秦の始皇帝（紀元前二五九年～紀元前二一〇年）は、自分の死後の世界の繁栄を願って、始皇帝陵に「兵馬俑」（※資料4）を大量に作って地中に埋めて隠した。等身大の兵士の塑像を数千体も作って地中に隊列を組ませ、死後の始皇帝を護衛させようとした。

今でこそ壮大な歴史遺産であるが、想像を絶する人力と財力と年月を費やして作り出したのであろう。しかも暴《あば》かれないように、地中に作ったのである。それだけ死後の世界を信じ、死後の想いや願いがあったということである。

世界のどのような小さな町でも、数々の墓地や祖先を敬《うやま》い尊《とうと》ぶ遺跡がある。しかし、

その形態や様式は様々で、まさに自分たちが考え信じる形で、神や神事や祭りがあり、歴史的に引き継がれてきた。

親しい人が亡くなられたとき、その悲しみや死者の魂が、天に召された、星になって見てくれていると信じたというか、願ったのであろう。また死者や先祖の「霊」を信じ、死者の霊が永遠に生き続けると考えたのであろうか。

そのことは、第6章で、ゆっくり考えていきたいと考えている。

古代エジプトの人々も、秦の始皇帝の時代の人も、そして、わたしたちの多くは、死後の世界を信じたのである。

死者を惜しみ、先祖を敬《うやま》うが、それは、死者の別れを惜《お》しむ人々の「心」の中に

資料4　秦始皇帝陵「兵馬俑」1号兵馬俑坑　陶馬、陶俑の隊列　紀元前3世紀

存在した。

もう一つ、人が死んだら、死後はどうなるのかという不安や恐怖から「死生観」が生まれた。このことは後で述べることにする。

現実には死後の世界は存在するのか、しないのか。第3章、第4章の歴史的摂理をしっかり認識した上で、考えてもらいたい。

第3章　自然の摂理《せつり》
～地球・生命の歴史と人類の起源

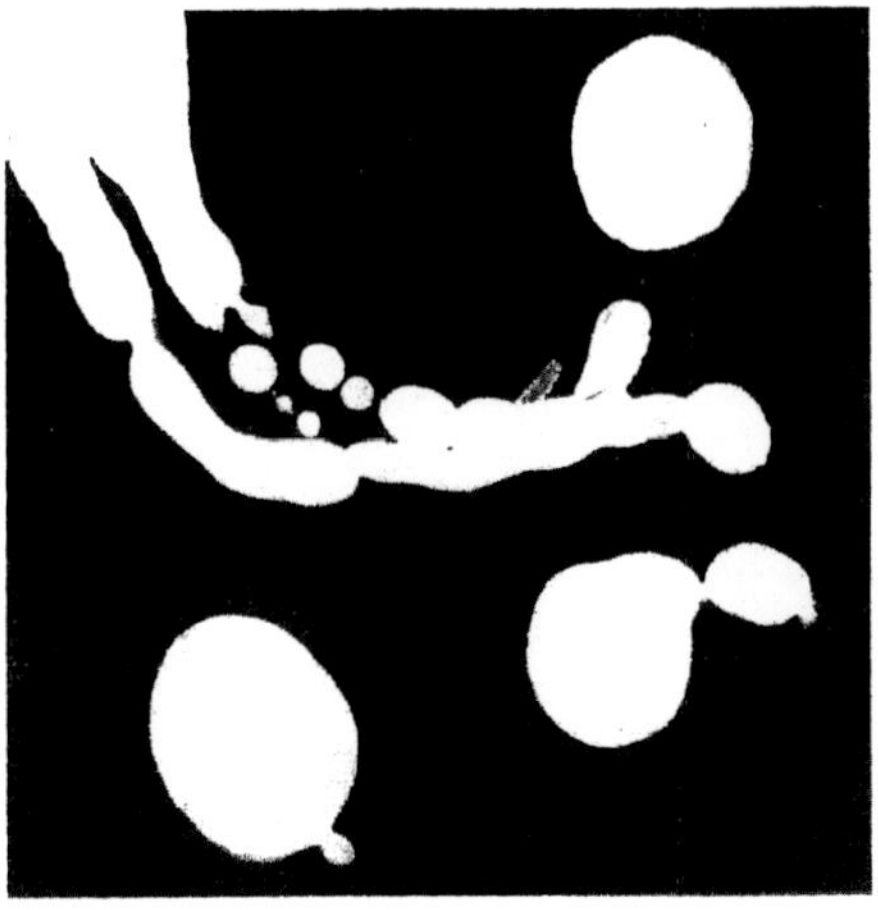

1　四六億年の地球の歴史～「天地創造」の歴史

地球の歴史、生物や人類の進化と歴史を手短に述べておこう。

この地球が誕生したのは四六億年前、恐らく現在の太陽のようにフレアが爆発し、温度は摂氏何千度の熱球であったであろう。その後、約四〇億年前には、地球も冷却し、プレートの移動や衝突《しょうとつ》、合体の天変地異を繰り返し、約三八億年前に生命居住領域になる海ができて、海に溶けた有機物が生命誕生につながった。最初は単細胞の微生物だったが、それが他の単細胞生物を細胞内に取り込んで多細胞生物となる。さらに、大気に酸素ができ、生物が生存できる環境ができた。光合成をする細胞を取り込んで有機物を生み出し、生命体として急速な進化が始まった。（※参考文献1）

その後、進化と滅亡を繰り返し、魚類、両生類、爬《は》虫《ちゅう》類、哺乳類、霊長《れいちょう》類と、動物系統図に見られるような多様な系統的発達をする。二億年から一億四千五百万年前には、あの恐竜の全盛時代もあった。

これらの生物の進化は、環境の変化に対応して、進化を繰り返しＤＮＡによって、引き継がれてきた。環境に対応できなかった生物は絶滅の道を辿った。逆に、現在生存している動物、植物、菌類のすべては、環境に適応できるように進化して生き延びてきているといえる。人類もその一種である。

また、アラブなど中東の砂漠地帯や世界各地にある油田や石炭層は、何億年前の植物や他の生物などが堆積し、地層になったものである。

クロアチアやスロバキア、イギリス南部など世界各地にある石灰岩の地層は、海底にたまったサンゴや微生物の死骸《しがい》が地層になったもので、生物の活動も地球の歴史にかかわっている。何千万年後、もし地球が存続しているなら、人類が造った世界中の高層ビルの痕跡も、どのような形態かわからないが、残っているであろう。人類だけでなく、地球も現在進行形で歴史を刻んでいるのである。

現在の地球は、地球の表面近くの十数枚のプレートの移動（現在も一年に数㎝ずつ移動している。一万年なら数百m、一億年で数千㎞の移動が可能）で、一五億年前から現在まで大陸移動が行われている。

一億七五〇〇万年前、ゴンドワナ大陸とローランシア大陸が分裂を始め、現在のユーラシア大陸、南北アメリカ大陸、アフリカ大陸、南極などの大陸ができた。五五〇〇万年前、ユーラシア大陸にアフリカ大陸の東岸が衝突《しょうとつ》し、あのヒマラヤ山脈ができた。海底だった大地が七千ｍも押し上げられ、さらに数千万年かけて浸食《しんしょく》を受けてあのエベレストなどの山脈ができたのである。欧州の地中海も干上がったことがあるのには驚かされる。日本列島は約八千万年前に大陸の東側が切り離されてできたといわれている。

気候も、二二億年、七億年、六億年前には、地球全体が凍結する「白い地球」の時代があった。地球上の生物は絶滅の危機を繰り返してきたのである。生き残ったのは、氷の下の深海動物や地中の生物、種子や凍結の形で生き延びた僅かの生物である。もちろん、われわれの目にも入らない菌類は、生物発生の頃から進化を続け生き延びてきたのである。それがまさに地球の「天地創造」の歴史なのである。

このような天文学的、地球の歴史の中で、人類の祖先が現れるのは、七〇〇〇万年ほど前で、現在の人類に近いホモ・サピエンスが誕生するのは二〇〇万年ほど前である。

地球の四六億年の歴史を一年の暦に例えると、人類が現れるのは、一二月三一日の二三時五九分以後の除夜《じょや》の鐘が鳴る直前である。

詳しくは、地球の歴史の本や動画がたくさん出ているので、是非見てほしい。地球の歴史の動画は、実によくできている。携帯電話やインターネットで調べてみるのもよい。

2　自然の摂理こそが「神」なのか

現在の大陸や海の潮流も、何億年の時間と、地球のプレートの移動、水や風による浸食と堆積などにより、自然の厳密《げんみつ》な法則というか摂理によって現在に至っている。地球上のあらゆる生物も全て自然やその環境の摂理によって適応できるように進化、発達し、生存してきたのである。その自然の摂理や環境に適応できない生物は全て絶滅してきた。

その自然の法則や摂理が「神」の技《わざ》とする考えもある。「神」は、今から約七〇〇万年前に現れる我々、人類が、人類中心の世界観から考え出したフィクションなのである。何十億年の自然の厳密な法則というか摂理を、我々は「神」としたのかもしれない。言い換えれば、自然の営みを神に例え、神話や伝説として、人々に伝え、引き継がれてきたとも考えられる。

大宇宙には何万度から零下何百度という厳《きび》しい温度差がある。酸素など貴重な大気や水などが、奇跡的に地球上に存在し、その厳しい環境のバブルの中で、何十億年の年月の中、適応、進化しながら我々人類や生物が奇跡的に生存できているのである。

自然の摂理こそ「神」だとするなら、自然の摂理の偉大さを敬い尊ぶことはよい。自然の摂理であると考える「神」に祈っても、貢《みつ》ぎ物をしても、心の安らぎにはなるが、現状を変えたり、改善される効果も利益もありえないのである。

神に祈ることは、神に感謝し、自分を励まし、心安らぐことなのか。ここは、人、国、宗教によって異なるが、すべての考え方を容認し、すべての信仰を尊重していることを繰り返し述べておきたい。

3　七〇〇万年の人類の歴史

すでに述べたように、初期の人類が現れるのは、ずっと後の約七〇〇万年前といわれている。地球の歴史、生物の進化の壮大な歴史から見れば、残念ながら微々たる存在で、人間はその生物たちの一員にすぎないといえる。

その人類の歴史を辿ると、猿人（アウストラロピテクス、約四〇〇万年前）、原人（ホモ・エレクトス、約二〇〇万年前、発達した頭脳、石の道具を使用）、旧人（ホモ・ネアンデルタール、約三〇万年前、高度な石器や埋葬の習俗）、新人（ホモ・サピエンス、約二〇万年前、私たちの直接の祖先で言語や複雑な社会を作る）の順に発達してきたといわれている。その間、絶滅してしまう人種を含め、進化と拡散を繰り返してきた。

わたしたち人類の祖先といわれるホモ・サピエンスは、アフリカで誕生し、一〇万年ほど前にその一部が北上し、ヨーロッパ、アジアに拡散し、アジアからアメリカやオセアニアへと全世界に広がっていったといわれている。

以上の地球と生物の歴史については、年代等を統一するため『46億年の地球史図鑑』高橋典嗣氏　ベスト新書４５１　二〇一四（※参考文献1）を参考にさせて頂き、述べてきた。

4　四大文明の誕生から文明開化

人類の歴史の中、最初に文明が開化したのは約五〇〇〇年前で、中東のティグリス川・ユーフラテス川に挟まれたメソポタミア文明、ナイル川の肥沃《ひよく》な大地のエジプト文明、中国の黄河流域の黄河文明、インドのインダス川流域のインダス文明が挙げられる。

その頃には、ある地域では文字が発明され、人類の営みがより正確に伝えられるようになった。

ＢＣ四〇〇〇年の後半から末にかけてのメソポタミア文明を例に、『人類５０００年史Ｉ』（出口治明著・ちくま新書１２８７・二〇一七年）（※参考文献４）を引用し、簡潔に述べさせてもらう。

ペルシャ湾に流れるティグリス川とユーフラテス川流域のシュメール地方に、文字だけでなく、冶金属をはじめとして、天文学や暦学、アーチ積み、車輪、帆船、ろくろ、ワイン、ビールなどが発明され、ユーラシア（旧大陸）の文明の基礎を築いていった。近くの古代エジプト文明にも多くの影響を与えた。都市国家をつくり、神の信仰だけでなく、夢占いや星占いもすでに行われていたという。実に驚くべきことである。

しかし、すでに述べたように、私たち現代人では当たり前なこと、例えば地球が球体で、実は地球が回っているという「地動説」は、一六世紀、ガリレオ、コペルニクスのいる時代に生まれたものなのである。また、当時の地図にはアメリカの南北の大陸がなかったのである。（※資料５「マルテルス図」＝アメリカ大陸のない当時の世界地図）

大航海時代のあのコロンブスがこの地図を見て、アジアの大陸に到達したと思っていたが、実は到着したのはアメリカ大陸の一端だった。その当時、アメリカ大陸にはすでにたくさんの人々が定住していた。

資料５　アメリカ大陸のない世界地図「マルテルス図」
1489年作成

手短に地球の歴史と生物や人類の進化と歴史に、言い換えれば何十億年の「自然の摂理」

の歴史について述べてきた。
わたしたちのまわりにある海も山も大地も、そして植物も動物も、何億年、何千万年という年月の地球の変遷《へんせん》と、進化してきた生物の営みによって形成されてきた。そして現在もその進行形のひと時にあたるのである。

まさに「天地創造」の営みは今も継続しているのだ。というより、地球という星に、生物が生存できる環境は、広い宇宙の中で、本当に限られた大気と空間である。その大気と空間と進化の歴史があってこそ生物が進化・生存できているのである。

地球温暖化が問題になっているが、地球上の年間の平均気温が一〇度変化するだけで、人類どころか地球上の大部分の生物は壊滅《かいめつ》的な打撃を被るという。まさに地球というバブルの中で、人間を含めあらゆる生物が生きているのである。
この壮大な宇宙や地球の歴史の中で、人類の歴史は、ほんのひと時にすぎない。何億年の生物の進化と滅亡を繰り返し、そこで生き残った動植物と菌類が、環境に適応するための進化とＤＮＡによって、延々と引き継がれてきたのである。

第4章　「人類の三つの革命」とAI・SNS革命の現代

1　約七万前に歴史を始動させた「認知革命」

わたしの歴史観を変えた衝撃《しょうげき》的な著書『サピエンス全史』《文明の構造と人類の幸福》（ユヴァル・ノア・ハラリ著・柴田裕之訳、二〇一六年）によると、人類には三つの革命があった。

この本は、たくさんの言語で翻訳され、世界で二〇〇〇万部以上の本が発売れている。ハラリ氏は、世界的に著名な歴史学者で、引用させてもらうのもおこがましいが、従来の歴史書にはみられない考察であるので、ここでは直接的に引用させてもらいたい。

『サピエンス全史』の一部を要約して引用させてもらうと、わたしたちホモ・サピエンス（賢明な人）は、およそ七万年前に文明を築き始めた。

「歴史の道筋は、三つの重要な革命が決めた。約七万前に歴史を始動させた認知革命、約一万二〇〇〇年前に歴史を加速させた農業革命、そして約五〇〇〇年前から始まった科学革命だ」（※参考文献2）

伝達や心情を伝える「言語」を獲得した人類は、実際には存在しない想像で、例えば、危険なところに行かせないため「あそこには鬼がいる」と警告のための想像による情報を流した。現実にあったことを情報として伝えるだけでなく、想像したことを逸話や伝説として語り伝え、やがては、神々の存在や宗教をも現実と想像を交えて伝えはじめた。

人心を恐怖に陥れたり、逆に人心を結束させたりすることにより、このことは権力者による人民の従属や結束にも利用されるようになった。例えば、権力者が、「我は太陽の神の使者である」とか、「我こそ太陽の神そのものである」と名乗りを上げ、人民の結束を呼び掛けたりした。「我に背くものは神に背くことだ」と、神を正義の盾にした。

そして、身分制度や奴隷制度や人種や人権差別など、権力者の都合のよい制度をつくって統治したところもある。現代社会では受け入れられない内容もある。

ハラリ氏は、人類が約七万年前ごろから、実際に見たこと、起こったことだけでなく、想像した情報を伝達する能力を身につけたと述べている。「伝説や神話、神々、宗教は認知革命に伴って初めて現れた」（※参考文献２）

権力者に限らず、百獣の王ライオンや力のある象などを部族の守護神にしたり、先祖から恩恵をうけ、守られてきた山や大樹や、ときには海や大地を「神」として讃《たた》えるようになった。当時の人間の及ばないこと、知恵の及ばない自然現象を神の域にしてしまった面もある。

現在でも様々な対象が世界各地で信仰され、奉《たてまつ》られているのは、まさに人類が獲得した「認知革命」の流れではないだろうか。人類は、多分他の動物が持ちえない、現実にはない虚構の世界を「神」という形で共有するようになっていった。

２　約一万二〇〇〇年前から始まった「農業革命」

「人類は二五〇万年にわたって、植物を採集し、動物を狩って食料としてきた」

初期のころは、他の動物と同じように、季節によって植物の果実や食材、あるいは動物を求めて移動していたであろう。やがて狩りのための鏃《やじり》のような道具を作り出し、複数の人数でより効率よく動物をしとめることもできたであろう。また、獲得した食物を保存したり、煮炊《にた》きして食べることも習得したであろう。やがて、雨風を防げる岩陰や簡単な住居で収穫のある季節の間、定住することも覚えたであろう。

二万年ぐらい前の旧石器時代、スペイン、フランスのアルタミラやラスコーなどで多数の野牛や鹿などの動物を描いた洞窟《どうくつ》画《が》が見つかっている。原始狩猟民の豊獲を祈る呪術的な目的で描かれたと考えられている。

『サピエンス全史』によると、一万二〇〇〇年ぐらい前から、人類は地域によって異なるが、食料となる麦や米、豆類・とうもろこし・ジャガイモ、といった穀物や野菜や果樹などの植物を育てる農地を、住居の周辺に作り出した。しかも太陽の出る時刻や位置の周期から三六五日の暦を作り出し、暦に合わせて種をまく時期や収穫の時期を考えていた。

狩猟のためイヌを飼ったことから、やがて羊やヤギの乳など、家畜を飼育することも始まった。食肉のための飼育も始まった。

時期こそ異なるが、中国の黄河流域では米作中心の農業、メソポタミアやエジプトの麦を中心とした農作や牧畜、南アメリカ大陸では、インカの人々がジャガイモやとうもろこしを中心とした農耕が同時多発的に始まっている。人類が多少の時期の違いこそあるが、各地に独自の文明と農業を生み出していくのである。

3　約五〇〇年前からの「科学革命」

ヨーロッパの中世（五～一五世紀）までは、宗教的解釈と神話をもとに、貧困も疫病も天災に対しても、「受け入れなさい。死も受け入れ、死後は天国に導いてくれる」と説いて人民を治めてきた。

ヨーロッパの中世～近代までの歴史は、世界の歴史書に詳しく述べられているので、ここでは省略し、その断片のみ述べるようにしたい。

ハラリ氏は、「第三の波『科学革命』は五〇〇年前から始まった。科学的な考え方によりあらゆる分野の改革が始まった」と述べている。

ルネッサンス時代（一四～一六世紀・文芸復興）の後半の一六世紀になると、羅針盤の発達に伴い、大航海時代が始まった。コロンブスがアメリカ大陸に辿《たど》り着いた。それまでの海洋地図には、アメリカ大陸が描かれていなかったのだ。マゼランの遠征隊が一五二三年に初めて地球を一周した。隊員の大部分は航海中に病死して、一部の人がスペインに辿り着いた。

医学面でも、人体解剖が行われ、医学の眼が開かれた。一八世紀半ばであるが、フランクリンが雷の稲妻《いなづま》は電流に過ぎないことを、実験で証明した。

その後、イギリスから始まった産業革命（一七六〇年代〜一八三〇年代）では、蒸気機関の発明により、工業生産のシステムが変わり、西ヨーロッパ全域で、社会の仕組みも大きく変わった。

人力に頼る工業生産から、蒸気、水力、電気の動力による作業で速度と精度が向上し、大量生産が可能になった。

二〇世紀の初頭になると、アメリカでは、自動車を組み立てるラインが開発された。大量生産方式（移動組み立てライン）を使って、流れ作業により自動車の大量生産をする、工業生産の革命を起こした。

4　ＡＩ・ＳＮＳ革命の現代

人類は、第一次世界大戦（一九一四〜一九一八年）と第二次世界大戦（一九三九〜一九四五年）という、苦難の道を辿った。

その後、経済発展を遂《と》げた国もあるが、内戦や紛争に苦しんだ国、飢餓に苦しむ国もあった。

現代社会は、経済のグローバル化が進み、日進月歩というか、急激な変革が起こっている。化学繊維の発明、電化製品の開発、大量生産と、まさに開発競争の波が押し寄せた。

そこに登場するのが、第四の改革の波である「ＡＩ・ＳＮＳ革命」である。

まず、ベルトコンベアーによる大量生産が、人力から工業ロボットに変わり、自動車産業でも失業者が続出した。

ＡＩ（人工知能・Artificial Intelligence）によるデジタル化、コンピュータ化の始まりである。製造業に限らず、瞬く間に研究開発が進み、今では、医療、運送、生産などすべてのものが、ＡＩによって制御《せいぎょ》される時代になった。

次に現れるのがＩＴ（インターネットを中心とした情報技術 Information Technology）である。インターネットの出現は、情報社会を一変させることになった。経済活動も瞬時に世界とつながり、経済のグローバル化の立役者となった。

そして近年、社会変革を起こしているのがＳＮＳ（Social Networking Service）を中心とする社会的な変革である。まず挙げられるのは、携帯電話による配信の革命である。アフリカやアジアなどの、どんな奥地からでもメールや対面通話ができ、しかも子どもでも誰でも、世界規模で動画を含むＳＮＳを発信できるようになった。

バーチャルリアリティでは、現実の世界とは異なる仮想空間を、まるで現実のように映像に映し出して観ることができる。仮想空間の中でアバターになって、ゲームに参加したり、映像の中で活動もできるのである。

これらのことは、まだはじまったばかりで、経済格差、国家間の格差、開発発展の格差、富裕の格差など、新しい課題が山積している。

人類七〇〇万年の歴史で、この現代社会を観ることができるのは、現代に生きている私たちだけである。

まさに現代社会は、先に述べた、認知革命、農業革命、科学革命に次ぐ第四の革命が現在進行形で進んでいると考えられる。

第5章

「神」は人類が考えだしたフィクション

～人間中心の視界で、万能の神を考え出したのか

1　神はどのように生み出されたのか

人類が地球上に生存し始めた数万年前から数百年前までは、台風や地震や飢饉や疫病がなぜ起こるのかも、現代のようにはわからなかった。

第2章でも述べたが、突然海が荒れ、大洪水が起こっても、なぜそれが起こるのかはわからず、あらゆる対策こそとったが、あとは、嵐や洪水をやり過ごすにはただ「神」に祈るしかなかった。

そして、日頃から「海の神」や「山の神」をなだめるため、神に貢《みつ》ぎ物をしたり、祭り事をして祈るしかなかった。人間の力でコントロールできない「自然」の脅威《きょうい》は、まさに「神」の脅威であった。そして、自然の脅威や摂理こそが、人間が「神」を生み出す要因の一つになったと考えられる。

当時の人々にとって、見えない、わからない、説明できない脅威の世界を、「神」と例え、「神」と崇《あが》めたのかもしれない。

ある地域・民俗では、人間が生きていけることに感謝して、太陽も山、海、大地だけでなく、身のまわりの草木、生き物、食べ物、生活を営む台所、門、トイレ、すべてのものに感謝して、「神」が宿ると考えている。多神教の素朴な祈りである。

このような、「神」に対する考え方や信仰は、特定の地域・文化から発生したのではなく、形こそ異なるが、様々な地域や民族から、自然発生的に生まれてきたのであろう。

やがて、その思いを共有して地域、民族、場合によっては他の地域、民族の人々にも共有されて、信仰として、宗教として広がっていったのであろう。

多くの人々が共有して、組織が大きくなれば、ルールも必要であり、考え方を広めようとすることも当然であり、共有する人々が集まる集会所も必要となる。運営のための献金も必要であっただろう。そしてその信仰の象徴として、地域、部族によって異なるが、それぞれの形式や形のシンボルや偶像を創り出していった。

共有した組織や集団を守るため、その教えやルールを守るための懲罰《けいばつ》も考えられたかもしれない。そして、神話や儀式を通して、人々の心に共有されていったのかもしれない。

シンボルや偶像やその歴史、教えが千年あるいは数百年にわたり、伝わり引き継がれてきた。そこには当然、真理もあり、人々の生きる大切な教えもあり、それが生きる信条になり、多くの人の支持を得て、大切に伝えられてきた。

２「神」は人の心の中に宿る

人類は、何千年、何百年の歴史の間に、多くの人種や民族、社会や国家をつくり出してきた。多くの人類が共存し生活するためには、約束事や規則が必要である。

どこの国でも、生活や経済を支える知恵や法律や憲法があり、世界的にも、国連があり、ＷＨＯなどの数多くの規則や法律によって、国家間の対立をなくし共存していくルールがある。

これらはいうまでもなく、長い歴史の中、人類が知恵を出し合ってつくり上げてきたものである。それだけでなく、貨幣も経済も、医学も科学も、宗教や芸術文化も全て人間が長い歴史の中で築き上げてきたものである。

『サピエンス全史』の著者のハラリ氏は、著書やＮＨＫスペシャル（二〇二〇年）の対談の中で、「法律も貨幣も経済も社会も国家も、そして宗教も、全て人類が長い歴史の中でつくり出してきた『フィクション』である」と述べている。また、「国家や民族も宗教も、人類の長い歴史の古代、中世、近代にわたってつくり上げてきたものである」と述べている。

「神は実在する」、つまり本当にいるとして譲らない人もたくさんいる。読者の中のかなりの人も、そう信じているのではないかと思う。

信仰を持つ人の中には、神が実在するものではないことを承知の上で、神と共有して信仰している人もいると思う。

参考までに、本書の最後の「追悼《ついしん》」のところに、世界各国の「神を信じる」のギャラップ国際調査がでている。驚くべき数値が出ている。

テレビや辞書などでも、「一般的には……と言われている」、「特に伝統的な行事や神事では……と言われている」と配慮して述べられている。日本には、たくさんの伝統的な行事や神事があるので、そういう配慮がされてきた。

神については、あいまいにされてきたのである。本書では、少し踏み込んでいる。神は人類が長い歴史の中で考え出しつくり出してきたフィクションなのである。実際にいるのではなく、わたしたちの信じる神は、その人の心の中に宿っていると考えるのである。

そして、人によって、民族によって、それぞれ、「ＭＹ　ＧＯＤ」は異なる。自分が信ずる神と同じように、他の人々、あるいは他の民族、他の国家で信じられている神も同じように尊重する。もちろん、それぞれの国の歴史的な祭事や伝統行事、そして文明は大切にされなければならない。

現代社会は、異なる国籍の人、異なる宗教を信じる人、宗教と関係を持たない人が、混在している。ともに共存していくことこそ、現代社会では重要だと考えられている。

宗教や経典も、何百年もの間、人類がその地域、民族、国家の人民を救い治めるために考えつくり上げてきたものである。その歴史と知恵は尊重され、敬意は表されなければならない。その気持ちは大切であるが、しかし、例えば中世、近代の生活や情勢や民心に合わせてつくられた教えが、実は時の権力者が神を後ろ盾に利用していたという歴史もある。そのまま「絶対だ」というのは、現代社会の人権意識や価値観とは通じないこともある。

「神は、このように言われた。だから、信じなさい」ということになると、人は思考停止に陥り、妄信してしまうという恐ろしさがある。さらに「あなたは神に背くのか」と脅されると、人々は一歩下がってしまうのだ。一部の宗教では、信者も思考停止になり、それがそのまま引き継がれているように思う。

思考の仕方や価値観も多様化している。現代社会にも、現代社会独自の、苦しみや悩みは尽きない。その悩みに寄り添う対策は必要である。共に共有し励まし、助け合うことがあり、その一つとして宗教も大きな役割がある。

実は、これらの歴史は、人間中心とした視界で、人間の考え方に合わせてつくってきたものである。過ちではなく、人間中心の発想の仕方なのである。

長い歴史の中、天文学でいえば、唯一の神・太陽と考えていた太陽も、地球の生物や人類にとってかけがえのない存在ではあるが、銀河系の何億もある恒星の一つである。地球が球体であることも、ガリレオの一五世紀の時代に発見された。

しかし、現代社会では、レーダーや宇宙探査機のデータである程度読み取ることはできる。科学技術では、驚異的な進歩でＡＩ革命の時代になった。

また、教育や法律・憲法・人権問題など、それこそ人類が永年にわたり築き上げてきた知恵・知識・法・科学がある。

人類は賢明で様々な環境変革に対応してきたが、一方では愚かで間違いの歴史を繰り返している。民族や国家間の紛争、宗教の対立、貿易戦争など、共に利益になる解決には、ほど遠い状態である。わたしたちの世の中でも理不尽なこと不公平なこと、悩みを抱えている人はたくさんいる。みんなが少しでも幸せになり、生きがいのある社会になることはみんなの願いなのである。

3　神は、万能の神「理想像」の分身なのか

約五〇〇年前の「天動説」と「地動説」のように、ガリレオが、天空の星々が回っているのではなく、この大地・地球が回転運動をして回っているのだと言っても、ほぼ一〇〇％の人は信じなかったであろう。この大地が動いているはずがない。暦こそ考え出してはいたが、考えられない「謎」ではあったであろう。

現代人の我々も、天文学的な知識としては理解しているが、大地が動いているという実感はない。人間は、人間中心に、人間の視界から考えた知恵で、歴史をつくり上げてきたのである。

人間が神という概念をつくり出したという説は、『神は、脳がつくった』（E・フラー・トニー著・二〇一八）やハラリ氏なども述べている。決して特異な説ではなく、ごく普通の考え方であると考えている。

第3、4章で述べたように、何十億年という時間の中で、大地の移動、火山噴火、風雨

の浸食、あらゆる自然の摂理があった。その中で、生物も進化をくり返してきた。そして七〇〇〇万年前に人類が現れた。そういう歴史から考えると納得してもらえると思う。

最近は、動画配信で、地球の歴史や人類の進化などは、たくさん視聴することができる。映像であるのでわかりやすい。わたしもよく視聴する。

神という万能で架空の存在は、人類が考え出した。苦境の時に救ってくれる、救いの神の超能力。万能の神の理想像である。神は、超自然的な存在と考えた、あくまで宗教的な考え方（思想）から生まれたのである。その理想像は、地域、民族、宗教によって異なる「理想像」の分身（アバター）を作り上げてきた。

先に述べた「千手観音像」もそのひとつである。百獣の王・ライオンや力強い象の頭部と、空を支配する鷹や鷹の翼を組み合わせて、万能の力をもつ像を作った例もある。

愛と美の女神・ビーナス（アフロディーテ）も理想像であろう。時代、地域、民俗によって神はその姿が異なるのだ。

現代でも「野球の神様」「サッカーの神様」と言われるように、その分野で飛びぬけた人を、敬意をもって「神様」と語り継ぐこともある。

「あの人の演技は神がかっている」「あの人の技術は、神業《かみわざ》だ」というように、飛びぬけた演技や技術を持った「技」を「神業」と表現している。神を身近に感じる表現である。

両手を合わせ神に祈る心は大切ではあるが、神に祈れば願いがかなうわけではない。後は本人次第で、目的達成のために努力をするしかないのである。神に手を合わせる人は、それを全部承知の上でその行為を行っているのである。それが、その人の気持ちを安らげ、背中を押してくれる。そういう神であり、信仰であってほしい。

４　人類の新たな価値観と共存への道

残念なことに、人類は信仰の違いや、宗教の違いによって、歴史的に多くの殺し合いや戦争を繰り返してきた。

数百年以上前の法や風習の中には、現代とは科学的にも人道的にも、社会的にもそぐわないものがたくさんある。多くの人が差別を受けたり、不合理な生き方を強いられてきた。また、神の尊厳は、信仰する人にとっては絶対であり、先祖から引き継がれてきたことを信仰や伝統として受け継いで行くことは、人道でもあろう。よき習慣、伝統、祭事などの伝統文化は大切にされ、保存もされてきている。人類にとって大切な遺産である。

しかし、歴史的に、宗教と政治が一体化して統治に利用されたり、人々を騙すために利用されてきたこともたくさんある。現代でも、あえて具体的には述べないが、世界各地で繰り返されている。それに対して、デモや裁判沙汰になっている。

信仰上のことで苦しんでいる人や心が不安定になり苦しんでいる人に、相談に乗ったり励まし、仲間になったり、信仰を勧めることはよい。ところが、「悪霊がついている」と恐怖を煽《あお》り立てて特定の信仰を勧めたり、神への貢ぎ物を強要したりする過ちが繰り返されてきた。極端な例では、偏った知識や自分たちの考え方で洗脳《せんのう》するような行為も行われている。

宗教的な原点や経典を尊重することは、信仰者にとって大切ではあるが、この千数百年あるいは数百年で人間の生活も文化も習慣も、そして価値観も大きく変わってきた。

二〇二〇年の新型コロナウイルス感染では、世界の経済や生活を一変させる事態になった。また、温暖化が現実のものとなり、洪水と干ばつが世界各地に起こり、世界的な飢饉が現実のものとなってきている。まさに人類が共存し、地球規模で環境を守っていく時代に差しかかっている。

今も「この山は神が創られた」、「海の神に祈りを捧げて漁に出る」など地元の山や海や自然の様々なものに感謝して安全を祈ることはごく自然なことで、その伝統や歴史を尊重する気持ちは変わらなくてよい。

宗教は長い歴史をかけて、人々の心を安らげ、安定化してきた。そして人々のよりよい生き方を導き、社会の発展にも貢献してきた。現在もそうである。

しかし宗教中心の考え方や制度を絶対視すると、「思考停止」になる。それを強制したり、制度化すると恐ろしいことが起こる。まさに「諸刃《もろは》の剣《つるぎ》」になりかねない。

今でも、世界各地で事件やデモや暴動が起こっている。時代は変わっている。人権、差別、偏見、価値観、生活様式の見直しは必要である。

くり返しになるが、現代社会は、国籍も人種も、異なる宗教を信仰する人も、宗教的な関わりを持たない人も、混在している。

それぞれの人々を尊重する社会、それぞれの考え方、生き方を尊重する社会や国になっていくことを願っている。若い世代の人は、とっくに次の世界を目指している。

第6章

「天国」や「地獄」はあるのか

～「天国」は、死後の「楽園」を描いた「仮想空間」（バーチャルの世界）

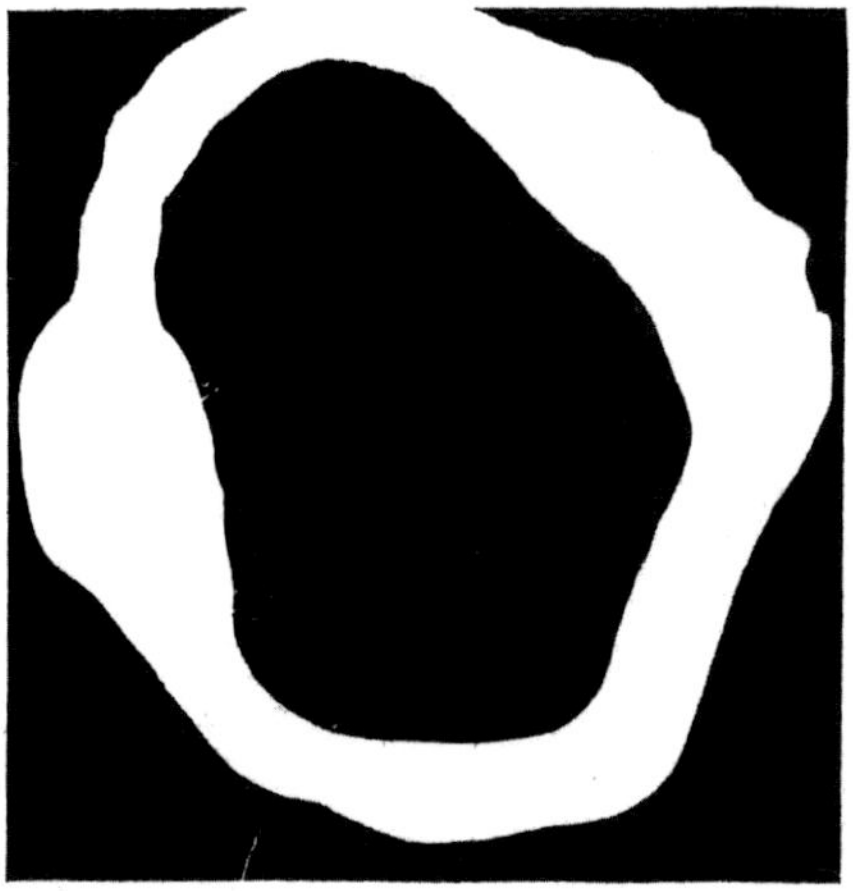

1 「夢」と現実との関係

わたしはよく夢を見る、しかも同じような場面や場所を繰り返し見ることがある。

一番よく見るのは、トイレ探しの夢だ。多分、夜中に尿が溜まって、トイレに行きたくなったときにみる夢であろう。場面はいつも旅行中で、どこかのトイレを探し回る場面が多い。あちこち探し回るが、汚くて別の場所を探しに行く夢だ。

また、仕事のトラブルなどの場面を繰り返し見たことがある。脅迫観念か深層心理で、夢の中に繰り返し出てくるのであろう。そしてよく似た場面に、いろいろな時代の人が入り混じって現れたりする夢もある。

睡眠中に脳の中で、大掃除をしたり、整理したり、脳を休めたりしている中で起こっていることが夢になっているのかもしれない。

それと同じように、よくある話であるが、「夢の中で、あなたは○○をしなさいと神のお告げがあった」という話がよくある。多分、本人は嘘を言っていなくても、日頃から○

○のことに近いことを考えたり、活動していると、その場面に関連して、夢の中にあらわれるのであろう。王やリーダーが、いつもその仕事に従事していると、夢の中でもそのような場面が夢に出てくる。時にはそれを「正夢」ととらえて、「神のお告げがあった。わたしは神の代弁者だ」と、それを正当化したり、時には利用して、民を統治しようとする。歴史上の統治者には、そのような話がある。

「わたしは神の代弁者だ」と、神格化したり、正当化したりすることは、歴史的によくある。太陽を神とし、その代弁者こそ、この王だ。その考えに反する者は、神に背くものと、排斥したり、殺戮《さつりく》されたこともあった。人類の負の遺産である。

2 「八百万《やおよろず》の神《かみ》」と「アニミズム」

わたしは旅が好きなので、世界各地の旅をしてきた。

東南アジアのある地域では、神棚だけでなく、家の玄関、庭の片隅など一〇か所ぐらいにお供え物の食べ物などをお供えして回るのが日常である。

南米ペルーのナスカやクスコには、インカの神々の信仰がある。

オーストラリアのエアーズロック（ウルル）は、アボリジニの人々の聖地になっている。エアーズロックは高さ三四八m、一周九・四㎞の一枚岩で、一周歩いたことがあるが、周辺は水平の大地なので遠方からよく見える。アボリジニの人々の聖地になったのも納得できる。周りには水が湧き出す泉や、古代のアボリジニの人が描いた壁画もある。（※資料6）

ギリシャのアクロポリスの神殿、エジプトのピラミットやアブシンベルの神殿、そこでは古代の人々の信仰と歴史の重みに思わず立ち尽くしてしまう。

日本の名山の山頂には神の祠《ほこら》がある。家庭には先祖を祀《まつ》る仏壇《ぶつだん》があった。どこの国に行っても聖地や信仰の名所がある。日本の「古事記」にも、「八百万《やおよろず》の神《かみ》」という記載があり、多種多様の神がいると考えられている。

それぞれの民族、国民の信仰で、たとえ異教者でも、尊重し、敬意を忘れてはならない。

宗教には一神教もあれば、多神教もある。自分の信じる宗教が全てではなく、他の宗教も同じように尊重する心が大切であると思った。

人間が人間中心の視界で、その地域や民族に合わせてつくり出した神話や風習もたくさんある。というか、それにのっとって生活を営んできた。


「アニミズム」（animism）という言葉があるが、ラテン語の「アニマ」というのが語源で、「精霊」や「魂」を表わすといわれている。

あらゆる動物や植物、自然の山や丘や海、自然現象の台風や地震にも、意識や感情があり、人間と同じように、言葉や信条を交わせられると信じていた。古代の人だけでなく、現

資料6　オーストラリアの大地にあるエアーズロック（ウルル）　古代からアボリジニの人々の聖地

代人でも、薄々疑いを持っているが、時には心情的に受け止めている。あるいは、しきたりや伝統や祖先の敬意として受け止めている場合もある。

雲や風などにもアニミズム的発想で、語り掛けたり、詩や物語や絵画に表現することもある。

幼児が椅子にぶつかると「椅子さんごめんね」と、動植物だけでなく命のない物体と自由に言葉や信条を交わしている、ほほえましい情景をみかける。

子どもは、五、六歳ごろまで、アニミズム的な発想で生きている。七、八歳ごろから現実を見つめるものの見方に変わってくる。文学や芸術では、アニミズム的な表現はよくみられる。

アニミズム的な発想は原初的に古い発想というのでなく、論理的な思考とは異なる発想の仕方であって、優劣をつける発想の仕方ではない。

3　「天国」や「地獄」は存在するのか

結論から話すなら、「天国」（あるいは極楽）も「地獄」も想像と願望の世界で、現実にはあり得ない。

いうまでもなく、願いや願望そのもので、「想像の世界」、フィクションそのものなのである。

世界のさまざまの画家が、その想像した「天国」や「地獄」の絵図を描いてきた。インターネットで「地獄図」を検索してみると、たくさんの「地獄図」が出てくる。たくさんの絵師や画家が想像を巡らせて描いたのである。言い換えれば、人間が想像して描き出した「地獄」である。これだけ異なった「地獄図」があるということは、地獄は実在するのではなく、人間が作り出した想像図であるということにほかならない。

「地獄に落ちるぞ」と脅かされても、地獄なんてないのだ。人間が考え出したものなので、恐れることはない。古代、中生、近代、あるいは現代でも、それを信じ、時には恐怖のなかに落とされた人もいるかもしれないが、全く心配はない。

それでは「天国」はどうか。天国を理想郷として、信じ、心の中にしまっている人もたくさんいよう。もちろん、現実には実在しないが、人々の心の中には存在できる。幼い子ども、大切な人、家族の人が他界した時、別れがたい悲しみ、「きっと別世界で生きている」「星になって天国で過ごしている」「天国の神のもとに召された」と願い、信ずることが、心の慰《なぐさ》めであり、亡き人への想いとなる。これは自然なことである。「天国」は残念ながら現実にはないが、想像の世界で信ずることが、他界した人をいつまでも忘れない、あるいは死者が生前存在したことを讃《たた》えることとなり、悲しみを癒《いや》し、死者への想いを忘れずに生きていく支えにもなる。人のため世のために慈善事業や善行をすることが生きがいであり、きっと「天国」で出会えることを願って、昔の人が考え出したものなのである。

だから「天国」の切符はいらない。「天国」に行くために、お金も献金もいらない。人々の理想と考える「天国」は、あなたの温かい心や温かい行い、大切な人を惜《お》しむ、その心の中にあるのだ。あなたの理想とする「天国」はいくらでも描けるのだ。

ただし、寺院や教会などの施設の運営や世話をする人々の暮らしにも資金はいる。富める人の献金や観光業や信者の資金の協力は必要であり、税の一部も免除されている。

4 「天国」は、死後の「楽園」を描いた「仮想空間」

「天国」への願望は、人によって、国の宗教や風習によって、千差万別である。大切なことは、「どこかで生きていてほしい」、「別世界で生きている」と心で信じ願うことである。死者がいつまでも生きた姿で存在していることを願っている、また、墓や仏壇の前で、亡き人を思い出しながら、現実に生きているかのように話しかけたり、願い事をする。そのような宗教儀式や偶像を前に祈ることは、心の安らぎになればそれでよいのである。

祈祷《きとう》をする人が、お参りに来た信者の心を察して、現実に死者が現れ、対面したように信者に感じさせ、信者の心を安らげる。信者も納得して心も安らげ、生きる力や安らぎを感じれば、それが役割なのである。

今でいう、カウンセラーが、相談相手の人生相談や心の悩みをカウンセリングするようなものである。現代の「占い」も相談者と対面して、会話の中からその人のタイプや性格や生き方や悩みを共有し、その人の願いや生きる方向を語る。そしてその背中を押す。まさに祈祷師も占い師もカウンセラーと考えれば納得ができる。

しかし、現実には生前の人の魂と交流できるとか、神のお告げとかはない。それは科学的にありえないとわたしは考えている。

5 「地獄」も、いましめと恐怖心による「仮想空間」

「地獄」もまた、悪いことをした人をいましめるために考え出された仮想空間で、インターネットで検索するとたくさん説明が出ているので参考にしてほしい。

「悪行をすると、死後に地獄に行くぞ」と言うことは、悪行をしないよう脅《おど》すというか、戒《いまし》めるために考え出した宗教上の言葉であって、正しく生きてほしいという願いから考えだされたものであると思う。

地獄の絵図はたくさんある。日本人が考え出したもの、外国の人が考えた「地獄の絵図」もたくさんある。昔の人はこれにおののき、地獄には落ちないようにしようと、正しく生きようとしたのであろう。ネットには、たくさんの地獄の絵図が出ている。全て想像して描かれたもので、エンマ大王もサタンもまた架空の人物なのである。

「地獄」はまさに、昔の人が考え出した、見えないわからない恐怖の世界。恐怖の仮想の世界である。

地獄が実在しないと信じている人でも、人類進化の過程で引き継いてきた恐怖心が、常に深層心理として、潜んでいるのかもしれない。「天国」や「地獄」は、世界中の人が、よりよい生き方をしてほしいと願って作り出した仮想空間なのである。

第7章

「霊」や「精霊」は存在するのか。
そして「魂」は?

1 「霊」と「精霊」は存在するのか、そして「魂」は？

神は、人間中心の視界から考え出された万能の存在としてリスペクトされてきた。長い歴史の中で、人類がつくり出したフィクションであって、リスペクトはされてきたが、実在はしないとこれまで述べてきた。「天国」も「地獄」もフィクションで、やはり実存在しない、いわば「仮想空間」であると述べてきた。宗教上、納得しない人もたくさんいると思う。それは想像の世界とはいえ、当然尊重されるべきことである。

では、「霊」とか「精霊」はどうか。これも実在するという人は多数いると思う。「霊」とは何かを辞典に書かれたものを要約すると、「人が死んだとき、霊が身体から離れて存在すると考えられ、死後も存続するという考え方」とある。

また「精霊」とは、「事物や自然の中に宿る霊的なもの。国によっては草木、動物、人、無生物にも宿るという考え方」で超自然的な存在で、アニミズム的な発想である。

霊についても精霊についても、「〜考え方」であって、霊や精霊が実在するという意味ではない。

霊について、日本では「四谷怪談」や小泉八雲の怪談など一種の文化になっている。子どもの頃から怪談話を聞いて、登場する幽霊に震え上がった人はたくさんいると思う。わたしもその一人である。世界には、霊や精霊の伝説や物語はたくさんある。

また、アニメやマンガやゲームの世界では、例えば、「ゲゲゲの鬼太郎」（水木しげる作）の「妖怪」は子どもたちの最大の人気者で、それこそ夢中になって楽しんでいた。我が家の本棚にも『水木しげる妖怪画集』（※参考文献５）という本があるが、子どもたちの人気本であった。

日本の漫画、アニメ、ゲームなどのサブカルチャーでは、妖怪、ゾンビ、吸血鬼などが登場するスリラーもの、生死の世界や異世界を行き来するファンタジーものがたくさんある。子どもやZ世代は、精霊や異世界といったものをあつかうファンタジーものが世界中に広がっている。

幻覚で霊に悩まされることもよくある。私の義母も何度か幻覚に悩まされ、隣に住む私の家に電話がかかってきた。とにかく駆けつけ、トイレや風呂場や二階の部屋を確かめ、「大丈夫だよ」と安心させたこともあった。

妖怪はともかく、幽霊はありうるという人も、幽霊に出会ったことがあるという人もいる。幽霊はともかく、霊や精霊はありうるという人はたくさんいる。私の友人もここは譲れないという顔をしていた。心情的には「霊」や「精霊」があってほしいと願っている人もいる。

夢の中で、亡き人の霊が出てきた、お盆には死者の霊が故郷に帰ってくると信じてやまない。あるいはその行事はたくさんある。お墓参りをするのも伝統文化である。

また、国や宗教によっては、草木、動物、人、無生物にも精霊が宿ると考える考え方もある。国や宗教によってとらえ方はまちまちであるが、それぞれの古代、中世、近代そして現代の人々の信仰から生まれたもので、一概には言えないが、それぞれの人々の考えも尊重するようにしたい。

「魂」という言葉はよく使われているが、goo「国語辞典」によれば「生きたものの体の中に宿って、心の働きをつかさどると考えられているもので、古来、肉体を離れても存在し、不滅のものと信じられてきた。『魂がぬけたようになる』『仏《ほとけ》作って魂入れず』」と事例を上げて明解に書いている。「諺《ことわざ》」にもなり、実感としては考えられる。やはり気力か精神的なものかもしれない。「心」という言葉があるが、その人の心情をあらわす言葉である。「魂」とよく似た用語かも知れない。

人が死んだとき、肉体から離れて、魂がさまよう。というのは、願望としては考えられるが、現実的にはありえないと考えている。

それでも「霊」「精霊」「魂」を信じたいという人もいよう。フィクションの世界なので、精神的な考え方で、「根性」「入魂」などと同様、心の引き締めというか、心のあり方としての大切な用語である。

2　霊や精霊は、幻覚や夢、妄想《もうそう》、そして恐怖や願望からはじまった？

もし、霊があるとするなら、鳥や昆虫や魚類にもあることになる。すべての生物に霊があるとすれば……地球上には、いろいろな生物の霊があふれていることになる。しかも、何万年の間、積み重なったら。わたしも昔考えたことがある。いやいや、霊や精霊は形も質量もないので、心配ないという意見もある。それも一考に値する。

古代や中世や近代など、昔の人々は、現代社会に比べても、未知なもの、謎のもの、恐ろしいものがあった。また、アニミズム的な発想があり、いろいろなものや動物も人間と同じように存在すると考えていた。

そして、子どももまた、未知なる世界がたくさんある。子どもは、まさに幻想の世界で生きている。童話や映像の画像を現実と重ねて自由にイメージを広げることができる。それが子どもの素晴らしさなのである。

ある年代になると、「サンタさんはいるの？」と疑い始める。クリスマスの翌朝、クリスマスプレゼントが枕元に置いてあると、「やっぱりサンタさんはいるよ！」と大喜びである。

また「あなたのすることは、誰も見ていなくても、天の神様が見ているよ」、「あなたのことを、神が守ってくれているよ」など、子どもの「生き方」や「しつけ」として、よく使われた。大人でも、「神様が見ているので、悪いことはしない」と心に決めている人もたくさんいる。

未知なものに対する想像の世界は今も変わらない。

「あの古城には霊が宿っている」

「このジャングルには精霊が住みついている」

「この山には精霊がいるのです。だからこの山に入るときは手を合わせてから入る」

「この大樹には精霊がいる」

「この沼には妖精がいる」

というのはテレビの映像でも、生活習慣の中でも、ごく日常的に使われている。もちろん、想像を膨らまし、霊や精霊や妖精が住みついているような雰囲気ということで、実際に住んでいるわけではない。神秘性や神聖さや不気味さの形容であって、まさに想像の世界なのである。人間がつくり出したフィクションの世界なのである。死者や先祖の霊が現れたり、さまようことはない。すべて神秘的なフィクションの世界なのである。現実にはいない。

もちろん、幽霊はいない。人間が考えだした恐怖の仮想の空間なのである。

わたしも「霊」や「精霊」や「妖精」が実在はしないのはわかっているが、そのフィクションの世界を信じたいし、楽しみたいことには変わりがない。人間がつくり出してきた素晴らしいフィクションの世界だからである。

霊や精霊を信じるのもよい、想像を巡らせるのも人間の持てる能力の素晴らしい側面なのだ。怪談話やミステリーの本やドラマは、霊や精霊がいるかいないかの間を巡らせ、物語が作られていることもある。その恐怖心やスリルを楽しむのも、人間の好奇心かもしれない。映画では「インディー・ジョーンズ」などは、たまらないほどスリル満点である。

テレビやミステリー小説でも、霊や精霊が現実にいるかのような筋書きであるが、それが偽装であったというオチも多い。もちろん、作者は霊や精霊の存在は、当然いないことは承知の上でフィクションとして描いているのである。人間の素晴らしい能力である。

テレビのドラマの後に、「このドラマはフィクションです」という字幕がよく出てくるが、現実にあったことと混同されないための注意事項なのである。

3 「占い」は、カウンセラー（心理療法師）的な役割か

人は、新しい人生に踏み出すとき、悩みを持っているとき、「きょうの運勢は?」と、気軽に占いをすることがある。

わたしはその専門家ではないので、自分の考えを述べる程度にしておきたい。

例えば、手相を見てもらうとき、占い師は、その人の風貌や表情や心理や性格などを、瞬時に観察する。さらに、相手の反応をみながら、手を触れて手相を見る。その人の話を聞いて相談に乗る。その人の話しぶりや心の動きを読み取る。さらに悩みや迷いを聞く。悩みを受け止めながら、その人がどうしたいのか、どうするのがよいのか判断して、その人の背中を押す。励ましもする。まさに豊かな人生観をもった心理学のカウンセラーではないかと思う。

占いにはいろいろあるが、神秘的な雰囲気にして、相談者をその雰囲気に誘い込み、人生相談に乗ってくれる。だがそれはあくまでも占い師の判断であって、元気をもらったら、

その後は自分で判断して行動をするようにしたい。

週刊誌、スマホ、テレビでも、「きょうの運勢」という項目がある。不特定多数の人は当然運命が決まっているはずはない。それを見た当事者の運勢が当たるはずがない。項目をよく見てみると、それを見た人が、「こういうことに気をつけなさい」「きょうは、○○するといいですよ」と背中を押してくれる内容になっている。今日一日の心がけや励みになればよいと思う。当たるかどうかはわからない。その言葉に共感して、本人が前向きに生きてくれればそれでよいのである。

人の運命は他人が決めることはできない。だが相談を聞いてアドバイスをすることはできる。本人の努力や心がけによるのみで、その背中を押すのが、占いや祈祷の役割である。ほとんど善意で行われているが、ときには、それを悪用されることがある。悩みを聞いて優しく同情してくれるが、いつの間にか「心を支配」されて、言われるままになってしまうことがある。運命を都合の良いように誘導したり、恐怖に誘い込む場合もある。特に、悪霊がついているなどの脅《おど》しがあれば、まずその人から離れることだ。その場から離れることだ。「霊感商法」もその一種である。

霊感商法とは、「あなたに悪霊がのりうつっている」「先祖のたたりで不幸になっている」などの言い方で、人の不安や不幸に付け込んで、高価な印鑑や装飾品や、高額の書物などを売り付ける。また、祈とうやお祈りで不安をあおり、高額の金品を要求する行為であり、犯罪である。

第8章　死後の世界はあるのか

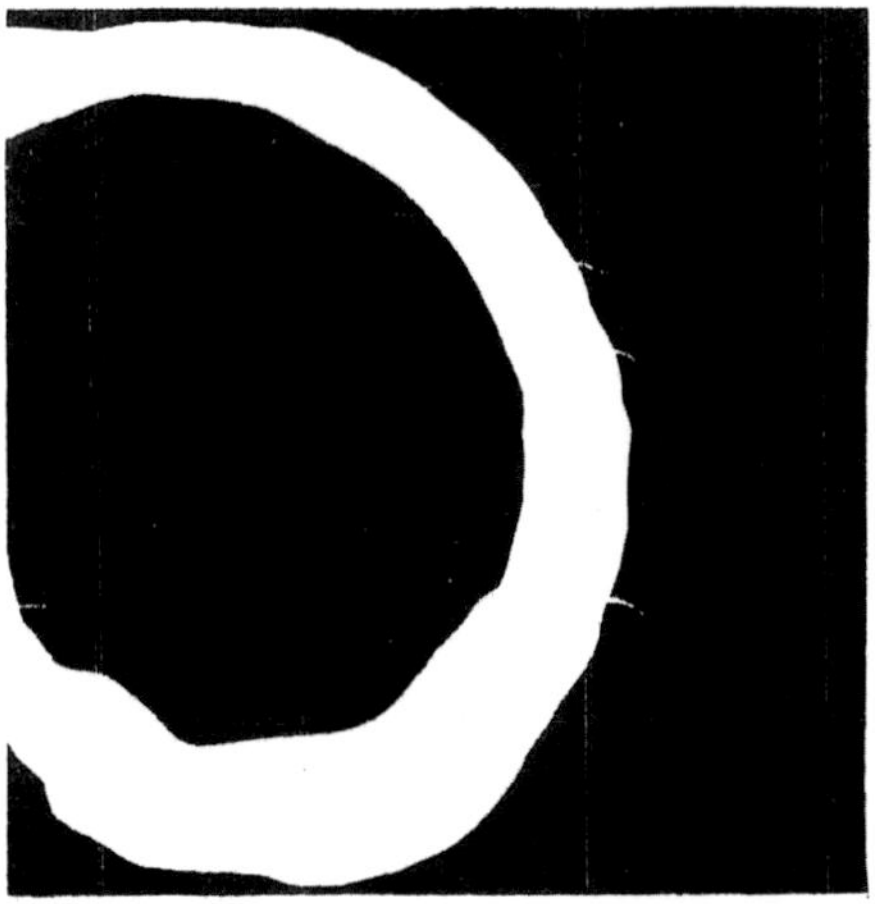

1　人は死と、どう向き合ってきたのか

カブトムシや蝉が死ぬ時を見たことはあるだろうか。テレビなどで、ライオンに襲《おそ》われて死を迎えるシカなどの死の様子を見たことがあると思う。実は人間も動物の一種であるので、生物学的には同じ状況であると思う。

どの生物も、生きることと種を引き継ぐことに、あらゆる対策を考え、進化という形で引き継いてきた。そして、どの生物も必死に生きている。

参考のためインターネットで「死」について検索してみた。

死にゆく人の心構え、見送る人の心構え、死を見送った後の心のケアーなど、医療や介護の立場で、実に冷静に、明解に、わかりやすく書かれていた。本書に出てくる神も、天国・地獄も、霊・精霊も、死後の世界についても、一言も出てこなかった。多様な宗教があることを配慮したからか、一切宗教的な匂いのする用語も出てこなかった。

日本では、政治と宗教の分離があり、新聞、テレビなどのマスメディアも配慮して報道している。信仰の自由は当然であるが、日本では、政治や経済や教育の中では比較的分離

している のだ。
この後、追伸のところに出てくるが、ギャラップ世界世論調査によると、日本は世界で一〜二番目に無神論者というか、神を信仰しない人が多いようだ。

死の床につく人と対するとき、その心を和らげるために、天国や死後の世界を想像して、仮想の世界を交えて会話したり、考えたりすることは自然なことである。
実は、古代・中世・近代の人も、現代の我々も、そこから想像の世界が始まったのである。神の存在を願い、「天国」や「地獄」の仮想空間、「霊」や「精霊」の世界があるのか、死後はどうなっているのかと想像を広げたのである。全て、宗教的な考え方（思想）から生み出された想像の世界、仮想の世界なのである。神も地獄も天国も霊も人間が考え出した想像の世界なのである。あるいは、人類が考え出した願望なのである。悪霊が人間や建物に住み着いたりすることはない。人間が考え出した想像物で、絶対に現実にはいないのである。

例え、誰かに脅されたり、言われたりしても、そのような事実はない。そのことを議論しても拒否しても、思う壺で丸め込まれるだけである。まずは逃げ出すこと。離れることである。怪しげな電話やＳＮＳの誘いに乗るなということである。

「死生観」という言葉がる。人間が生きること、死ぬことについての考え方で、地域の風習や宗教、国によって異なる。また、個人によって大きく異なる。

人間は必ず死を迎える。自然に死を迎えたいという人や、自分らしく生きて自分らしく死にたいと願っている人もいよう。

若い人は生きることが精いっぱいで、充実した、人生を謳歌するような生き方をしている人もいよう。また、何かに落ち込んで、真剣に「死生観」を考えるときもあろう。

軽々しく言える問題ではないが、誰でも落ち込むこと、孤独感を抱くこと、生きがいを見失うときがある。


癌などの苦痛を伴う状態でも、死を迎えるときは、呼吸が弱まり、意識が薄れていく。そして死を迎えるのだ。ヒトが眠るとき、呼吸は続けるが、意識の方は、少しずつ薄れて、いつの間にか眠りに落ちる。死の瞬間は、わたしもまだ経験がないので、断言はできないが、そう思っている。進化の過程で、死の苦しみや痛みを、少しでも和らげるようになってきたのかもしれない。

人は生きている限り、人のため、家族のため、自分のため、できるだけ尽くし、自分の人生の生きがいを見つけて、精いっぱい生きてほしい。

「自死について、どう考えているの」という問いかけもあるかもしれない。

自死は重大な問題で、この本では書ききれないので、専門の相談窓口や別のサイトを探すとか、身近な人と話し合うとか、別の方法を考えてほしい。

わたしから一言言えば、まず食べて活力をつけて、それから生きる道を見出してほしい。後でも述べるが、人間の身体には何十億の菌が体内で働いてくれている。その菌がもっと食べて栄養を送って元気になって、身体を働かせて、絶対に全滅させないでと、「主」に叫んでいるかもしれない。一人の命はみんなの命なのだ。

幸せを味わう時期は必ずくる。自分の貴重な人生は一度しかないからだ。生きるために命をかけて頑張っている人もたくさんいる。過去は書きかえられないが、未来は描くことができる。

2　死後の世界はあるのか

親しい人が亡くなられたとき、その悲しみや死者の魂が、天に召された、星になって見てくれている、死者を墓地に埋葬して、きっと霊になって、できれば天国で安らかに過ごしてくれることを願うことは当然である。

いわば、死者を見送る心境をあらわしたものである。死者や先祖の「霊」は、別れを惜しむ人々の「心」の中に存在するのであって、現実には存在しないのである。死後の世界を信じ、死者を惜しみ、先祖を敬うが、それは、死者の別れを惜しむ人々の「心」の中に存在する。現実には死後の世界は存在しないのである。

だから、死者の霊が、死体から離れて存在したり、墓地のなかに霊となって居続けることはないのである。全て、願望で、想像の世界なのである。

しかし、想像の世界であっても、霊と共有して、死後の世界を信ずる人には、それに寄り添いたいという気持ちは変わらない。死後の世界を信じて、「徳」をつむのも信仰の一つである。

現代でも、世界のどの地域でも、墓地で死者と出会い、死者と会話することも、その人の心情であるので、自然なことである。

日本では、お盆の時に、亡き人が故郷に帰ってくると願うのも尊重されなくてはならない。永い歴史の中で引き継がれてきた習慣で、大切に引き継がれていくであろう。

まさに人間が考え出し、信じられてきた歴史であり、習慣であって、何時までも続けられる風習・習慣・信仰の形なので、継続されていくと考えている。

特に幼い子どもには、まだアニミズム的な考え方が強いので、その思いを大事にする配慮がいる。子どもたちは童話の世界に住んでいるのである。

愛犬やかわいい猫が死んだとき、同じ思いをする人もいる。それは、かわいい犬や猫を飼っていた人の心の中にある「愛」なのである。

それでも「霊」や「精霊」や「妖精」は絶対いると信じる人もいよう。もしいるとすると、すべての生物にも霊や精霊があることになる。

「死後の世界がないのなら、もし私が死を迎えたら、いったい私はどうすればいいのだ」と考える人もいよう。安心していい。先祖が考えてくれた「天国」があるのだ。もちろん、人間が考え出した「仮想空間」ではあるが。

花が咲き乱れる「理想郷」である「天国」を想像して、親しい人に「天国で待っているよ！」と、安らかに死んでいくことを願っている。人間は「天国」という「仮想空間」を考え出したのだ。人間はすごいと思う。

難病などで苦しむときに、先祖が考えてくれた「天国」を想像することで、苦しみが和らげられる。天国は、自分が考える最も素晴らしい「理想郷」なのである。それを夢見て死んでいけたら幸せだと思う。

とても心に残ったのは、末期癌で死を直前にした方が、「死ぬときは、お世話になった人々に『有難う』と言って死んでいきたい」と話していたことを聞いたことがある。

3　人間は生まれ変われるのか

死後の世界はあるのか。願望としては、誰もが願うことであるが、残念ながら、ありえないことである。想像の世界で、人間が考え出した「理想郷」で現実にはあり得ない。

それでは、人間は生まれ変わって、もう一度人間として生まれ変われるのか。これも、死後の世界があるのかと同じように、人間が永年願っていた願望で、フィクションである。

第３章、第４章で述べてきたように何千万年、何億年にわたって、それぞれの動植物が繁殖と進化を繰り返して、一言でいうならＤＮＡによって引き継がれてきた。人間が死んで、またいつか生き返るというのは考えにくい。まして、他の動物に生まれ変わるのは現実としてあり得ない。

「私は生まれ変わったら、鳥になって大空を飛びたい」とよく言うが、願望であり、夢かも知れない。現実にはあり得ないことである。

しかし、子どもの世界では、アニミズム的発想で、自由にイメージできる。どんな動物とも会話ができ、自由に変身もできる。まさにファンタジーの世界である。

「今度生まれ変わったら、カブトムシになるのだ」と、夢中になってカブトムシの恰好をして遊んでいるのはほほえましい姿である。

私たちはそんな子どもの世界を大切にしてやりたい。大人だって、自由に想像の世界を描けるのは、素敵なことだ。

４　地球外に生物はいるのか。ＵＦＯは？

現在のところ、この大宇宙は、一三八億年前にビッグバンによってできたといわれている。最近それもおかしいという声もある。人間が想像できない「宇宙は永遠の広い世界だ」という研究者も出てきた。

その大宇宙には、銀河と呼ばれる星雲が何億個もあるといわれている。大宇宙の広さは、約一三〇億光年以上あるそうだ。その中の一つの銀河には何億もの恒星があり、太陽はその恒星の一つである。そして地球は、恒星である太陽の周りを回る惑星の一つである。

それでは、恒星である太陽に最も近い恒星、いわば太陽の隣《となり》の恒星はどこにあるのだろうか。

太陽に最も近い恒星は、ケンタウルス座α星で約四・三光年離れているといわれている。一九七七年に打ち上げられた木星・金星の探査機ボイジャーで、木星や金星に到達するには約四十年かかったといわれている。四五年後の二〇二二年に、太陽系空間を抜け出したと報道されている。距離は約二〇〇億㎞といわれている。

もし、この探査機ボイジャーで最も近い恒星ケンタウルス座α星に行くとすれば、計算上、到達できるのは約四万年後になる。

さて、この広大な宇宙に、生物はいるのだろうか。何十億あるという恒星の中には太陽のように惑星をもつ恒星もまた、無数にあるといわれている。地球のように大気があり、海でなくても水を持つ惑星も数多くあり、宇宙には、生物がいる惑星はたくさんあるだろう。また、地球とは全く異なる環境で生息できる生物、私たち人類では想像できない物体や生物が生息し、飛来する可能性はあるかもしれない。

しかし、太陽に最も近い恒星が、約四・三光年離れていると考えると、人類とは異なる科学技術が発達した生物が仮にいるとしても、あまりにも広い宇宙を飛んで、わざわざ地球に飛んでくることができるであろうか。来る必要があるのだろうか。

宇宙人を見た、空飛ぶＵＦＯを見たという人、信じる人もたくさんいる。夢や幻覚の場合もある。宇宙には流星や予想もつかない現象もあるかもしれない。だが、おそらく、この広大な広い宇宙を飛んで地球上に現れることは残念ながら科学的には考えられない。

それでも、宇宙人やＵＦＯを信じる人、異世界や未知の世界を想像する人、それをロマンとして可能性を追求するのも、また楽しいものである。神と同じようにＵＦＯや異世界や未知の世界を信じよう！

第9章　多様な社会でどう向き合うか

1　改めて、人間って何なの？

人類は、大宇宙の中の太陽系の地球に生存し、地球や生物の進化の歴史から見れば、残念ながら、全く微々たる存在であり、わたしたちもその末裔である。

しかし人間、あなたの体内には、なんと何十億の菌が住み着いているのを知っているだろうか。

腸の中には食べ物の消化を助ける菌がいて、血液の中だけでなく、内臓や骨の中などあらゆるところで活躍しているのだ。世界の人口が約八〇億人とすると、あなたの体には、菌の方から見ると世界の人口と同じような数のさまざまな菌が活躍しているのだ。菌にとっては、大切な住み家で働き口なのである。別の言い方をすれば人間は、あなたは、菌に助けてもらっているが、菌を養っていることにもなる。人間と菌は共生しているのだ。

その菌たちは、妊娠中の母体や授乳を通じて、肌と肌の接触を通じて乗り換えて、生存、繁殖を続けている。二〇二〇年から世界を震撼させた新型コロナウイルスもその仲間の一つで、コロナウイルスの寿命は何時間なのか、変異のメカニズムもまだ解明されていない。

生物学的には、菌、細菌、ウイルスは異なるもの、とされているが、ここでは仲間の一つとさせてもらった。

実は、この目に見えない微生物が、地球上のあらゆる生物の生命や進化（超進化論）の鍵を握っているのではないかといわれているのである。

地球上の生き物はみんな必死で生きて、種族を繁殖させているのだ。人間も同じなのである。「人の命は地球より重い」という言葉がはやった。かなり大げさな言葉であるが、自分の命、家族の命は、それに匹敵する重要なものである。

また、人間は、魚や家畜や米などの穀物、たくさんの命を頂いて生きている。あらゆる生き物は共生して生きている。人間もその仲間の一種なのである。

昆虫などは、一年を周期として生まれ変わるものもある。わずか一年周期に卵→幼虫→さなぎ→成虫→卵と変態をくり返すのだ。人間の赤ちゃんも一個の卵子が受精して、細胞分裂をくり返し、わずか十ヶ月で赤ちゃんを誕生させるのだ。なんと驚くべきことである。

そして、それぞれ何億年の進化の中で生存してきたのだ。だから、人間だけ特別で死後の世界があり、生まれ変わって他の生き物になるということは、残念ながらありえないのである。それぞれ、一言でいえばＤＮＡによって引き継がれてきた。自分がかりに引き継がなくても、別の人々が引き継いでくれているのだ。ずっと、人類の歴史は繫がっているのである。

「私は生まれ変わったら鳥になって大空を飛びたい」とよく言われるが、すでに述べたように、昔の人も考えたように願望であり、いうまでもなくフィクションなのである。マンガもアニメもドラマもみんな人間が作り出した素晴らしいフィクションなのである。

2　神を考え出した人類はすごい

古代・中世から近代にいたる人達は、素晴らしい文明・歴史を築いてきた。太陽の日の出の位置の周期から太陽暦を導き出し、季節に合わせて農作物の栽培や栽培物を収穫してきた。

しかも、約五〇〇〇年前のメソポタミア文明では、暦だけでなく都市をつくり、貨幣経済まで発展させてきた。しかし、現代人の我々から考えると、その時代では考えが及ばない「謎」を神の域としていた。そして、大自然の驚異は神の域とした。超自然的な存在として「神」を崇めてきた。

人類は、いかなる地域や民族でも、死者を悼《いた》み、死者を葬《ほうむ》り、先祖に対して敬意を図ってきた。死者や祖先に対して、敬意の表現として、儀式や祭りを行ってきた。年に一度、その時期に祭事や祭りを行い、そのことによって風俗・習慣や伝統を引き継いできたのだろう。もちろん文明の発達の一側面にすぎないが、見逃せない人類の活動である。

身近な人を亡くした人が、「きっと天国に召されて、幸せに過ごしているよ」とか「きっと、星になって私たちを見守ってくれているよ」と願っているのには、共感して、その気持ちに沿うようにするのが心づかいである。そして多くの人々はきっとそういう気持ちだと思う。わたしもその気持ちに変わりはない。

自分が信じる神や宗教を信じ、感謝し、お祈りをすることは自然なことで、自分が、家族が、みんなが、生きていること、幸せに感謝する気持ちで、神や仏に祈ることは自然なことである。多くの人は心地よく、心休まり、生きる力になれば、素晴らしいことである。神も宗教も、そのような気持ちを願って考え出したものであろう。

自分の信ずる神や宗教を信じ、感謝し、祈ることが、心の平安になり、生きがいに繫《つな》がればと願って先人が考え出した賜物なのである。宗教はその心をどう人々に伝え、生き方を示すかを永年積み重ね、つくられてきたものだと思う。神はその教えをわかりやすく、象徴としてつくり出されたのではないかと思う。

先に述べた、『サピエンス全史』の著者ハラリ氏は、神は人間が作り出したフィクションだと言っている。また『神は、脳がつくった』の著者トリー氏も、本のタイトルのように、神は、脳（人間の脳）が作ったと述べている。

わたしも同感である。デリケートなことなので、人前ではあまり話さないようにしてきた。恐らく現代社会では、日本ではと限っておくが、宗教従事者も含め大部分の人は、神への信仰の気持ちは大切にしている。同じ考えを共有する仲間が励ましあって生きることもまた大切なことである。

各地の宗教行事や祭りや神事には、先祖からの伝統として参加しているのではないかと考えられる。そのような伝統・行事を大切に伝統として後世に引き継いでいこうと考えているからだ。

本当は、ありえないような行為や言い伝えもあるが、それは、言い伝えやフィクションとして、受け入れていると考えられる。できるだけ地域、民族、国名や、特定の宗教や行事など具体的な事例などは本書では避けるように配慮した。

冒頭で童話「はだかの王様」の中で、「王様が裸で歩いている、裸の王様だ！」と叫んだ群衆の中の子どもの立場でこの文を進めると言った。しかし、「愚か者には見えない」と騙された王様や家来や群衆の人が、おかしいと言えなかったのと、この本で述べてきた記述は、少し異なっているかも知れない。

あくまで本文の導入のお話として、軽く受け止めてほしい。そして、人間あるいは人間の脳は素晴らしいものを持っているが、ときにはいとも簡単に「現実」と「虚構」を混同してしまい、まんまと騙されることもある。特に心を取り乱した時が危ない。神にすがり、自分の信仰を生き方の規範とするのもよい。神は人間の苦悩を乗り越えさせてくれる力を持っている。だが、自分の信仰する神と同じように他人の信仰や宗教も尊重するリスペクトもまた重要である。

3　人類が、宗教的な考え方で生み出されたフィクションであり仮想空間

人類は、地球の四六億年の歴史の中でほんの一時期生存している生物の一員で、奇跡のような環境に適応できた生物の一種であり、残念ながら一種にすぎないのである。人類はホモ・サピエンス（賢い人）と勝手に名乗っているが、特別な動物ではない。どのような生物も、環境にあわせて進化し、生《せい》をつないできているのだ。

また、地球の歴史や生物の進化の歴史から、人類だけが神がいると考えるのではなく、神は人類の発展の過程で考え出されたフィクションである。天国も地獄も長い歴史の中で考え出されたフィクションで、人類がつくり出した願望であり、実在するものではない。死後の世界の存在も、人類が考え出した願望である。

これらのことは、古代、中世、近代の宗教的な考え方から生み出されたフィクションであり、仮想空間なのである。現実に実在するものではない。

昔の人々が、その当時の知識では、わからない、説明できない、見えない世界を、潜在

的な恐怖心や願望から想像して考え出した。それが、霊や精霊、天国と地獄なのである。精霊や霊を信じる人はたくさんいる。人類が考え出したフィクションだからだ。人間がいる限り「神」はあるのだ。そこから想像の世界を広げる文化や芸術はたくさんある。

前に述べた「ゲゲゲの鬼太郎」の「妖怪」も、もちろん想像で描き出した、まさに想像の世界そのものである。それがマンガ、アニメ、芸術文化の世界なのである。

繰り返しになるが、同じ考え方や信仰を持つ人が集まって、孤立した人や弱者に手を差し伸べ、共に生きていくことも、人類が築き上げてきた尊い文明や社会である。

人間が生きていくには仲間が必要であり、助け合い、幸せを共有することが大切である。信仰も宗教も必要であり、リスペクトされている。異なった考え方や価値観にも、寛容さがいる。宗教を通して、人道的な慈善活動や貧窮者の救済などの活動をしてきている。それが本来の信念であると思う。

しかし、特定の信仰を持たないが、地球規模の環境問題や人口問題など様々な問題は、民族、国を超えて、それこそ地球規模に考えていかないと解決できない課題が山済みされている。その対策の一つに「教育の向上」と「貧困対策」もある。

時代は動いている。世界も変わり、生き方も価値観も変わってきた。貧困な国、貧困と戦う人もたくさんいる。いま生きる人々の差別をなくし、人権を守り、悲劇や犠牲になる人を守っていくためには、みんなの力が必要である。

4 「思考停止」にならないように

日本では、二〇一五年ごろから高校の校則が問題になり、改正が進んでいる。今、三〇代・四〇代の世代の高校時代には、学校が荒れた時代があった。学校によって異なるが、髪の毛を茶髪に染めたり、服装が乱れ、学校としては非行から生徒を守るため校則を強化した。そこで女生徒のスカートの丈は、膝から何㎝までとか、髪の毛は肩にかかってはならない、男女の肌着や靴下は白色。髪の毛は黒色で、なんと天然の茶色の髪の人は証明書を書きなさいとか、黒髪に染めてきなさいと命じられた。違反したら「校則にこう書いてある。お前は校則違反だ」と説教されたところもあった。欧米の人が聞いたら「なんで？」と言うだろう。部外者からも疑問の声が上がっている。当時の学校では、非行から生徒を守る苦肉の策であったろう。

今の社会では、社会常識や個人の心情の自由、人権にかかわる問題として、各高校で生徒を交えて改正が進んでいる。

高校の校則は、ほんの一例であるが、企業や組織や私たち社会の中で、結構取り残されていることがある。神のことや宗教のことでも、かなりあるのではないか。

部外者であるから言えることであるが、宗教界の中でも、明らかにそれと同じことが当然のごとく行われているところもある。もちろん、宗教によって異なり、信仰の仕方や考え方や価値観が異なり、それぞれの決まりで進められるべきことである。何よりも信仰の自由があるので、部外者が立ち入る問題ではない。

宗教は永い歴史をかけて、人々の心を安らげ、安定化してきた。そして人々の生き方を導き社会の発展にも貢献してきた。現在もそうである。

しかし、古代・中世・近代の人々が考えた宗教中心の考え方や制度を絶対視して、「〜がこう述べられている」「法典にこう書かれているので信じなさい」と言うと、そこから「思考停止」が始まる。「思考停止になったり」「思考停止にされて」、それを強制したり、制度化すると恐ろしいことが起こる。個人の自由、人権、差別に関わる問題として、現代のまさに今でも、世界各地で事件やデモや暴動が起こっている。考え方に不信感をもっている信者もたくさんいると思う。

最後に、繰り返すが、現代社会は、国籍も、民族も、宗教も、政治も、考え方も異なる人が、混在して、どの地域や国にも住んでいる。それぞれの信仰は自由ではあるが、現代社会の政治、経済、教育などの基本的なことは、個人の自由、人権、平等、環境対策を基本に、国情も配慮して、戦争のない平和な世界を願っている。

自分たちが正しい、正義だ、絶対だ、と思っていることでも、異なる意見や考え方がある場合がある。異なる立場の人は、自分たちこそ正しい、正義だということもある。政治や宗教に限らず何事も、異なる考え方や意見にも耳を傾ける、そういう寛容さと多様性が必要である。時間はかかるが、そんな社会であってほしい。

何よりも大切なことは、子どもから高齢者までのすべての人々の貧困をなくし、知識の向上と文化的な生活の補償を行うことである。

おわりに

この本については、株式会社22世紀アートから、別の内容の出版の依頼があった。電子書籍化、ＰＯＤ出版（本の在庫を持たない受注式の紙書籍出版）、ＹｏｕＴｕｂｅ動画配信、翻訳出版ができる可能性があるという話だ。書店販売より、多くの目に触れる可能性がある。

本当は、日本人だけでなく、翻訳の段階で世界の人が読んでも誤解がない配慮をして、むしろ世界の人々に読んでほしいと願っている。これからそんなシステムで本が流通することを願っている。

例えば、日本の漫画やアニメでは、世界中に海賊版が出回って年間一兆円相当の損害を出しているという。すでに始まっているかもしれないが、マンガ本の画面の吹き出しの文字の部分を同時翻訳、あるいはその国の言葉で同時音声にできるシステムがあれば、アフリカもアジアも欧米の人も、喜んで読んでくれるかもしれない。海賊版でなく、正規のシステムで読んで楽しめるのだ。最近ではチャットＧＰＴや自分がアバター（キャラクターなどに変身）になって、ネット上の仮想空間で活動できるようになってきた。

「そうだ！」どこかの小さな国の子どもが、この本を母国語に同時翻訳して「天国ってあるのかな？」と読んでくれるかもしれない。動画で見てくれるかもしれない。

そんな時代が、すぐそこまできているかもしれない。

本書は、「王様が裸で歩いている、裸の王様だ！」と叫んだ群衆の中の一人の子どもの分身であるライターが、その子どものアバターになり、ミステリアスに名前も姿も、国籍の意識も取り払って書いた。

この本が、タイトルにあげられた「謎」を解く手掛かりになってもらえれば、幸いである。
★最後の「追伸」の文章を、是非見てほしい。わたしも衝撃をうけた。その上で、あなたはどう考えるか。自分で考える手がかりになればと願っている。

追伸～世界の7割「神を信じる」　日本は無神論者で世界2位（ギャラップ国際調査　二〇一八）

この文章を書き終えた段階で、興味深い記事を見つけた。

「世界の７割『神を信じる』　日本は無神論者で世界２位　ギャラップ国際調査」（二〇一八年六月・英文）出典先と引用の了解を取って、関連する前半の部分を、そのまま掲載させてもらう。（※参考文献６）

同記事の、フィリピンの有力日刊紙「インクワイアラー」（英文）などによると、日本の人口の二九％が神を信じていない。調査は六八カ国、六万六千人のデーターで、無神論者の人口は、日本（二九％）、スロベニア（二八％）、韓国（二三％）、ベルギーとフランスは二一％など。一位の中国は人口の六七％が調査では信じないとされている。

世界全体では人口の六二％が宗教的だと答えており、七四％は人が魂を持っていると信じている。また七一％が神を信じており、五六％が天国、五四％が死後の世界、四九％が地獄の存在を信じている。詳しくは本文を参照してほしい。（※参考文献６）

ただ、私の考えでは、「信じている」の中に「信じたい」という願望的な意見も含まれ

世界の７割「神を信じる」
日本は無神論者の割合で世界２位 ギャラップ国際調査

世界68カ国を対象に行ったギャラップ・インターナショナルの調査（英語）によると、世界人口の７割以上が神を信じていることが分かった。一方、日本は人口の29%が神を信じておらず、中国に次いで無神論者が多い国となった。

調査は68カ国の６万６千人を対象に行われた。神を信じていない人が最も多かったのは中国で、人口の67%が神を信じておらず、宗教的であると自認する人は9%にすぎなかった。

フィリピンの有力日刊紙「インクワイアラー」（英語）などによると、無神論者が人口に占める割合は中国が群を抜いて多く、それに日本（29%）、スロベニア（28%）、チェコ（25%）、韓国（23%）が続いた。キリスト教圏とされる欧州諸国も今は多数の無神論者が存在する。ベルギーとフランスは21%、スウェーデンは18%、アイスランドは17%だった。一方、世界で最も宗教的な国はタイで、98%が宗教的であると自認している。

世界全体では人口の62%が宗教的だと答えており、74%は人が魂を持っていると信じている。また71%が神を信じており、56%が天国、54%が死後の世界、49%が地獄の存在を信じている。

ギャラップ・インターナショナルのビルマ・スカルピーノ暫定会長は「各国の歴史や教育水準が国民の価値観に多大な影響を及ぼすものの、世界レベルで見た場合、宗教は個人的なものです」と指摘する。

（後半は省略させてもらいました）

https://www.christiantoday.co.jp/home/news/services/print.php?article_id=25615

「世界の７割『神を信じる』　日本は無神論者で世界２位　ギャラップ国際調査」（二〇一八年六月・英文）（※参考文献６）

ているると思う。

しかし、それにしても驚くべき数字である。読者の皆さんはこの現実をどう考えるだろうか。

ギャラップ国際調査とは、G・H・ギャラップ氏が一九三五年に設立したアメリカ世論調査研究所が行っている世論調査のことである。科学的方法を駆使した精度の高い、世界的に有名な世論調査で、五〇カ国におよぶ世界的な世論調査を行っている。（※参考文献6）

なお、韓国のKOREA WAVE〈二〇二三年四月〉では、ギャラップ国際調査（二〇二二年八～一〇月調査）の最新情報で次のように述べている。（※参考文献7）

要約して述べると、「神がいる」と、ほぼ一〇〇％信じている国もあり、「死後の世界」が存在すると答えたのは、世界の平均で三五％、「天国と地獄」は約三〇％。「自分は宗教的な人なのか」という質問に「そうだ」と答えた人は韓国で三六％、日本では一五％で世界最下位であった。六一カ国平均で六二％となっている。（※参考文献7）

言い換えれば、日本人は世界一、宗教的ではない人が多い国なのだ。ある意味では、世界的な発言や行動をするときは、これらのことは配慮して発言や行動をしなければならない。この本で述べていることもそうである。最初に、常識的なことといっているが、必ずしも世界では常識的ではないのである。

日本では、信仰や宗教的な伝統を守りながらも、政治・教育・経済・社会と比較的分離した社会制度や意識が育っている。とても大切な事なのだ。そうとは限らないという人もいるかもしれない。この本で述べたかったことは、まさにこれらの事なのである。

※参考文献
1 『46億年の地球史図鑑』高橋典嗣　ベスト新書451　二〇一四
2 『サピエンス全史』上・下（ユヴァル・ノア・ハラリ著・柴田裕之訳）河出書房新社
二〇一六
3 『神は、脳がつくった』（E・フラー・トリー著・寺町朋子訳）ダイヤモンド社　二〇一八
4 『全世界史　講義』I　出口治明著　新潮社　二〇一六
5 『水木しげる妖怪画集』水木しげる著　株式会社朝日ソノラマ　一九八五
6 『クリスチャン　トゥデイ』（二〇一八年六月）ギャラップ国際調査　二〇一九
7 『KOREA WAVE（韓国）』　二〇二三年四月

※資料1　『千手観音像』ウィキペディアより
※資料3　『風神・雷神図屏風』ウィキペディアより
※資料4　秦始皇帝陵「兵馬俑」1号兵馬俑坑　陶馬、陶俑の隊列「秦始皇帝陵兵馬俑」著
者が現地で写した写真
※資料5　「マルテルス図」一四八九年作成。ウィキペディアより

著者紹介

群　一考（むれ　いっこう）

人間の発達科学の一分野での著書はあるが、この分野では著書はないのでペンネームにした。

神は人類が考えた想像《フィクション》

「天国」や「地獄」は、「霊」や「精霊」は、
死後の世界は存在するのか

2023年12月31日発行

著　者　群　一考
発行者　海野有見

発行所　株式会社22世紀アート
〒103-0007
東京都中央区日本橋浜町3-23-1-5F
電話　03-5941-9774
Email: info@22art.net　ホームページ：www.22art.net

発売元　株式会社日興企画
〒104-0032
東京都中央区八丁堀4-11-10 第2SSビル 6F
電話　03-6262-8127
Email: support@nikko-kikaku.com
ホームページ：https://nikko-kikaku.com/

印刷
製本　株式会社PUBFUN

ISBN：978-4-88877-272-3